正々堂々がんばらない介護

東神奈川高齢者ショートステイセンター「若草」施設長
野原すみれ

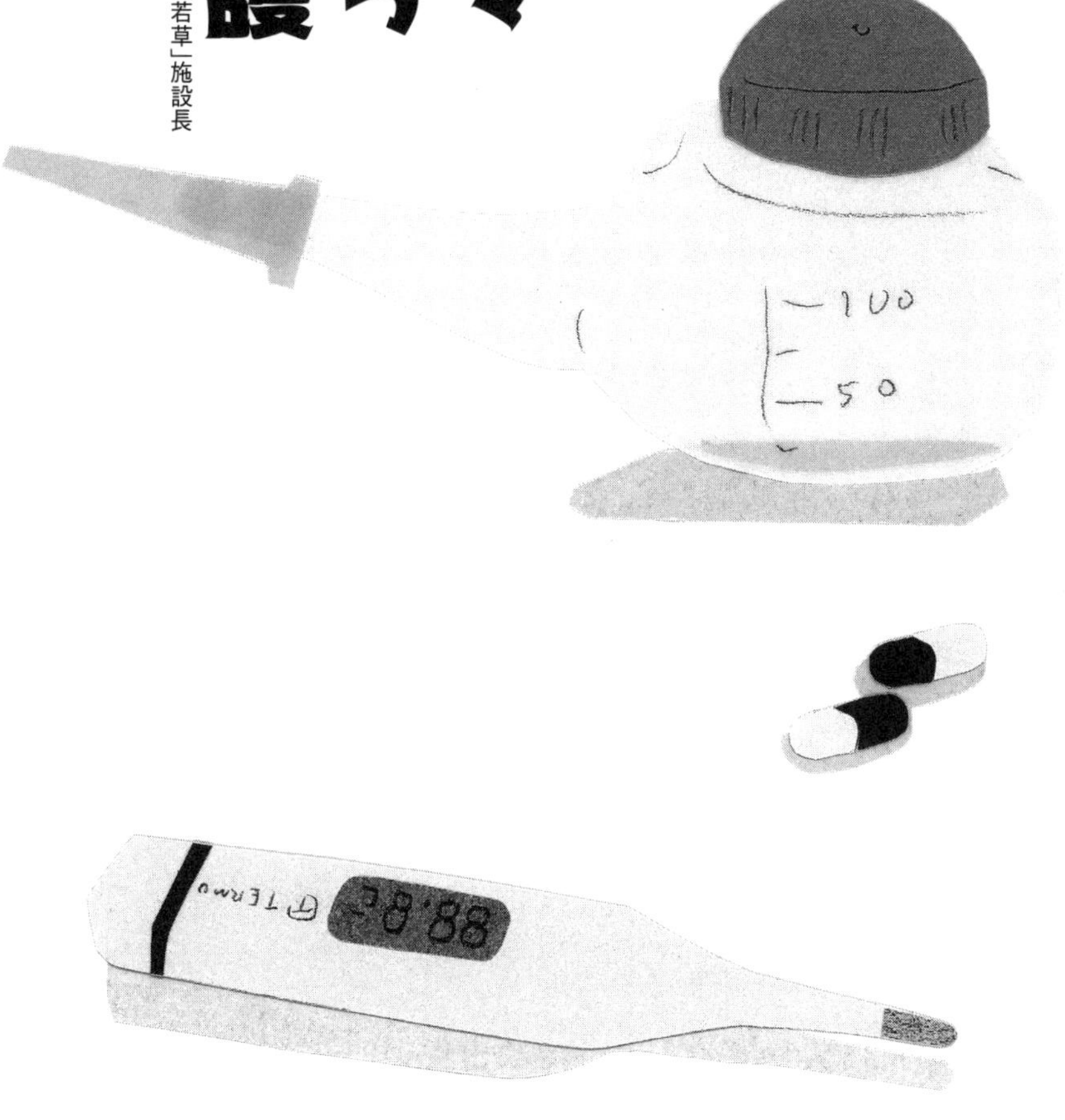

海と月社

この本は、老親や連れ合いの介護をしている人の「心を救う」ために書きました。私がいつでも全面的に介護者を応援するのは、介護をしている者にしかわからない苦労を、間近に日々見ているからです。

私自身も、約15年にわたる実母と義母の介護で、混乱し苦労した経験があります。いまは縁あってショートステイの施設長を務め、年に何十回か各地で講演もさせていただいています。職場で、講演先で、多くの介護者の方々と出会っていますが、残念ながら、介護をとりまく状況は、いまも昔もそれほど変わっていません。

人知れずじっと耐えている人、未来に絶望している人……。そのつらさの大半は、介護費用や介護の方法といったことではなく、精神的なものです。

あなたの心の栄養になることは、すべて本書に収めたつもりです。いちばん必要だと思われるところから開いてみてください。少しでも希望が湧いてきたら、そして「がんばらない介護」をしようと思っていただけたら、こんなにうれしいことはありません。それはきっと、あなたのため、家族のため、ひいてはお年寄りのためになるはずですから。

ステップ1

どうして「がんばらない」か

あなたの介護観が変わります！

ステップ2

疲れにくい心と身体の育て方

心と身体は「セットでケア」で効果倍増！

ステップ3

知れればトクする暮らしのコツ

忙しくても
気ばらしの
方法はある!

ステップ4

身内・ご近所との賢い接し方

無責任な「あの人」に対抗する知恵

ステップ5

これで万全！お年寄り対策

やっかいなお年寄りも素直になる!?

本書には
マンガもいっぱい！
登場するのは、
嫁の「のぞみさん」や
義母の「さちさん」など
「長寿家《ちょうじゅけ》」の人々です。
本文同様こちらでも、
介護で疲れた心を
ほぐしてください。

のぞみの娘
あい(25才)
孫かいご(0才)
すなおの母
さち(80才)
長寿家の嫁
のぞみ(50才)
のぞみの夫
すなお(55才)

「長寿家」の人々

ステップ1

どうして「がんばらない」か

いつ終わるかわからない〝つらさ〟

「家族の介護は3年が限界」。これは、結婚以来同居し、のちに認知症（痴呆）になった義母と、最晩年の実母を介護した私の体験、さらにはこれまで接してきた多くの介護者の話から導きだした結論だ。

だがこの長寿国日本には、3年どころか10年以上介護をしている人がたくさんいる。この人たちが、いつ終わるかわからない状況の中で先が見えず、精神的にまいってしまっても少しも不思議ではない。

外野で見ている人は、「昔からみんな面倒をみてきたのだから当たり前」と言うが、「介護の平均期間がほぼ半年」だった昔と一緒にしてもらっては困るのだ。古い時代感覚のまま、手は出さず口だけ出すのは無責任きわまりない。

とくに老親の介護をしている嫁はつらい。「嫁の務め」というプレッシャーが両肩にズシリとのしかかる。**感謝されるならいいが、「やって当たり前」とみなされるからむなしい**。それは人として当然の感情だろう。

私は、お年寄りの世話をしているお嫁さんには、「一緒に住んでいるだけでいい嫁なのよ」と言う。心からそう思うから。また、こう言われることで自信を持って気を楽にしてほしいからだ。人は、自信が持てると心に余裕ができる。余裕が出れば、姑や舅《しゅうと》にやさしい言葉のひとつも出る。

嫁だけにかぎらない。まず心の余裕を持つ知恵を持とう。つらさがきっと軽くなる。

もとをたどれば……

家族だからこそ、の現実

私が施設長を務めている「東神奈川高齢者ショートステイセンター若草」（以下、「若草」）は、ベッド数50のショートステイ専用の高齢者施設。毎日繰り返される入退所の際に、自宅で介護をしている方たちと接している。

介護者のみなさんは、年齢も環境もさまざま。だが、顔見知りになると同じような言葉が漏《も》れ出てくる。「つらい」「悲しい」「情けない」「わかってほしい」「死にそう」「助けてほしい」という悲痛な叫びだ。

かつて私は本を読んでいて、「骨を刺し、心を凍らす淋しさ」というフレーズに出会い、「私の介護の日々を表現するとしたら、まさにこんな感じだった！」と思ったものだ。

また別の日、テレビを観ていて「このせつなさをなんとしよう」という言葉が耳に入ってきたときも、その言葉に導かれ、思わず介護の日々を思い出していた。

やっぱり在宅介護はつらいのだ。**24時間一緒、しかも家族。限られた時間で他人様**

のお世話をする施設の職員とはちがう。在宅介護者は、いわば24時間年中無休で重い荷を背負っているのだから。

仕事なら、年寄りのわがままやしつこい言動だって繰り返し聞ける。でもこれが四六時中続く家族だったら、冷静さを欠いたとしても誰が責められよう。余裕を失うと、ふだんなら何でもないお年寄りのちょっとした言動にも傷ついたりする。そして、ますます疲弊《ひへい》していく。

あなたはいま、だいじょうぶですか。

がまんして耐えるなんて、もってのほか

この国では、「忍耐は美徳」という風潮があるが、私は素直にうなずけない。それどころか、場合によってはとても危険な言葉だと思っている。

自分が望んで決めた目標や夢に向かってがんばるのならいい。でも、自発的な意志のないまま、ただ「耐えて忍ぶ」ことを持ちあげるのはどうだろう。そのとき人は、心のどこかに「やらされている」というやりきれなさを抱えこむのではないか。犠牲的精神からは、本物のよろこびなど生まれない。

介護だって同じである。犠牲的精神での奉仕は、断じて美しいことではない。「介護する人とされる人が、対等に一緒に幸せになれる道」を貪欲《どんよく》にさぐるべきだと思う。すぐには実現できないかもしれない。現実の生活では、きれいごとではすまされないこともたくさん起こる。でもせめて、「忍耐」ではなく「納得」に支えられた生活であってほしいと思う。

誰かの犠牲の上に成り立つ平安は、いつか必ずどこかでほころびが出る。**長く苦痛**

に耐えていると、知らぬ間に正常な判断ができなくなっていく。次第に心を閉ざし、生きる活力を失っていく。

中には、沈んでいく気持ちを自覚しながらも、「そのうちよくなるだろう」と、あきらめ半分でほうっている人もいるが、そういうのは希望的観測とは言わない。問題の先延ばしというのが正解だろう。

「がまんして耐えるなんて、もってのほか」。それぐらい強く自分に言い聞かせるのが、ちょうどいいのではないだろうか。

「がんばらない」を唱える理由

「よい介護とは、がんばらない介護である」。１９９８年に自著『老親介護は今よりずっとラクになる』（情報センター出版局）でこう明言したとき、内心どんな攻撃をされるかドキドキしたものだ。けれど、これは私のすべてを注いでたどりついた一言だったから、言わずにはいられなかった。以来、どこの講演でも必ず口にし、いまではかなり賛同者も増えた。でもまだ「えっ」と拒否反応を示す人がいるのも事実だ。

なぜ拒否反応を示すのか？　以前、夫は、私がテレビに出て話したのを観て言った。「要するに、もっと手を抜けってことだな」。反感派の本音はこれに尽きるだろう。

いちばん身近で私の介護のつらさを見ているはずの人の反応がこれか……と、心底ガックリきたが、そのときは、うまく言い返せなかった。でもその後ずっと介護に関わってきて、いまならはっきり言うことができる。「がんばらない」のは、お年寄りを最後に見送るその日まで、しっかり介護をやりとげるためだ。介護者は心身ともに健康でなくてはならない。心身ともに健康でいるためには、たまには楽しいこともなくてはならないのだ。それが明日の元気を生むのだから。

なんのことはない、**人間として至極当然のことである。それなのに介護となると、ちょっとした息抜きすら、後ろめたい気持ちを持ってしまう**のはどうしたことだろう。

一刻も早く、このおかしさを、おかしなこととして見られる社会にしたい。その第一歩は、「介護をしているあなたが気づく」ことから始まる。

おたがいさま

早く切りかえたほうが勝ち!

「がんばらない介護」、その真意をわかってもらっても、すぐに試す人はなかなかいない。たしかに、自分の考えややり方を変えるのはむずかしい。とくに歳をとればとるほど……。

そうであってもなお、私は言いたい。「早く切りかえたほうが勝ちですよ」と。

私の夫がいみじくも言ったように、多くの介護者は、がんばらない介護を「自分がラクをするため」だと解釈しがちだ。だから「自分の都合やわがままで、そんなこと……」と躊躇《ちゅうちょ》してしまう。あるいは親戚やご近所に「あの人は自分のことしか考えていない」と思われるのではないかと不安になる。

でもここで絶対に忘れてはならないのは、「がんばらない」のはお年寄りのためなのだ、ということである。

考えてもみてほしい。**やつれて暗い顔をした人に介護されてうれしい人がいるだろうか。**いつも「すまないな」と思いながら介護されているとしたら、そのお年寄りもまた悲劇である。

少なくとも私は、自分が老いて誰かの世話を受けるとき、申し訳ないという気持ちを抱えながら生きつづけたくはない。各種の世論調査でも、「将来、子の世話にならずに老後を過ごしたい」という人が8割近くにのぼっているところを見ると、私と同じような思いの人は少なくないように思う。

結局、自分が幸せでなければ、他人を幸せになどできないのだ。

あなたが疲れたら
家族みんなが
心をいためるよ

「実の親」と「義理の親」はやっぱりちがう

私は義母の介護も実母の介護も経験した。しかし、どちらを「ちゃんと」介護したかといえば義母である。

実母は、1階に長男一家が住む二世帯住宅の2階に住んでいた。元来陽気でくったくなく、民謡が好きで先生の替わりに代稽古もしていたから友人も多かった。その昔、父は、外出する母によくイヤな顔をしていた。

しかし父が他界し独居生活に入ると、その母が部屋からほとんど出なくなった。心配した友人が訪ねてきても、長居されるとうっとうしがる。そのくせ「さびしい」を連発し、長男の家族とは常に一緒にいたがった。

母が経験してきた大家族同居の時代が遠く過ぎ去ったいま、息子の家族と一緒にいたいというその願いは、ぜいたくこのうえないことだ。だが母は、それを自覚できなかった。「苦労して育てたのに……」と、娘である私にグチをこぼしたりした。

そのとき母は老人性のうつ病だったのだ。でも当時はそんな医学の知識など何もなく、単なる年寄りのわがまま、自分勝手としか思えなかった。

とにかく、その被害をもろに受けたのが兄嫁だった。一日に何十回とベルを押して1階に住む嫁を呼び出すのだからたまらない。兄嫁はついに半分ノイローゼになり、私たち姉妹の出番となったのだった。

姉3人と私、そして兄嫁――、女5人での当番介護が始まった。

小姑たちは交替で、午前中から夕方まで5～6時間ほど母を訪ねた。泊まることもあった。しかしそこでしたことといえば、ただそばにいただけと言っていい。いまから思えば、介護と呼ぶのはおこがましい気もする。世話の仕方も甘かったし、年寄りの心理もわかっていなかった。母の淋しさに寄り添えなかった。

このときの介護で唯一自慢できるのは、親族間でもきちんとお金を出し合ったことぐらいだろうか。「有償介護」を提案したのは私。最初はみんな抵抗したが、がんばって説得して実行にこぎつけた。

この「有償介護」については154ページで改めてご紹介するが、要するに介護した者には時給で報酬を出すというものである。時給といってもしれていたが、これはよいやり方だったと、みんなが認めるところとなった。

さて一方の義母の介護である。

こちらは実母を見送ったあと本格化したが、私は決して手を抜かなかった。愛情から、と言いたいところだがそうではない。心の奥にひそんでいたのは、「ちゃんとした嫁と言われたい」という姑息《こそく》な思いだった。世間がつくりだした「あるべき日本の嫁像」という呪縛《じゅばく》に、私もすっかりはまっていたのだ。

介護は10年以上にわたった。義母は明治生まれで、知る人ぞ知る猛女。かっぷくのいい身体で、誰が相手でも「私が法律」といった態度で主張して譲らない。絶妙な「口撃」などは、敵ながらあっぱれだった。

その義母の介護では、つらさのあまり家を飛び出したことも一度や二度ではない。絶望的な気持ちで外を数時間歩きまわるものの行くあてはなく、結局は戻る——ということの繰り返しだった。

けれどもデイサービスを利用したある日の帰り道、ふともう一人の私が聞いてきた。

「よく尽くすいい嫁」と思われても、介護を終えたとき、身も心もすかすかだったら後悔しないか？　答えは「きっと後悔する」だった。

そのころの義母はすでに認知症の初期で、ウンチやおしっこで汚れたパンツをタンスに隠したりしていた。しかし一歩外に出るとしゃんとするので、デイサービスの職員に話しても信じてもらえない。それどころか、「あんなに素晴らしい親のことを悪く言う嫁」という目で見られ、弁解すればするほどみじめになった。

それでも何度か通っていれば化けの皮がはがれる。この日ついに職員から「おっしゃるとおりでした」と言われたのだった。

そして、私の中で何かが吹っ切れた。「本当のことを話しても信じてくれず、見た目だけで評価されるのだとしたら、人の目なんて気にしないで生きていかないと、最後は地獄に落ちる。これからは、つらいことがあっても、もう誰かのせいにはすまい。私の人生は私が引き受けて歩こう」。

あれから何年も経って、「若草」の施設長を務めるようになった私は、ひとりの女性に出会った。

その方は、実母を亡くされたばかりだった。なんでも兄嫁に「私の立場がなくなるから」と面倒をみることを拒まれたという。「おかげで母は褥瘡《じょくそう》をつくって命を縮めてしまいました……」。彼女の後悔は、兄嫁に対する非難へと向かっていった。

「もし『私も大変だから、お手伝いお願いしますね』と兄嫁が頼ってくれたら、こんな後悔はしなくてすんだのですが……」

その一言を聞いたとき、私は深く同情した。実の母への想いとはそういうものだ。申し訳ないが、義母に対してはここまでの感情は起こらないのがふつうである。だが同時に、その兄嫁の気持ちも痛いほどよくわかった。私だって、あるときまでは「いい嫁」でいることに必死だったのだから。

ではこんな場合、どうしたらよかったのか――。私の結論はこうだ。

彼女のほうが、もう一歩踏み込む。そして「おじゃまでしょうけど、娘として母のことはほうっておけないの。どうかお世話させてください」と言う。

それでも、兄嫁は拒否しただろうか。

義理の母と実の母
のぞみさあ～ん
はーーい
よく尽くす いい嫁
はーーい
のぞみさん ちょっとォ～
ピカッ
あー 疲れたァ
よく尽くす いい嫁
お母さん 久しぶり、元気？
のぞみ、よく来たね
ポイ
あ
母は今から お風呂です 居間で 待っていて ください
兄嫁
は…… はい
あなたもそれを 背負っているのね……

本当の家族愛とは？

韓国ドラマ『冬のソナタ』を観ていたとき、その愛になんともいえない懐かしさがこみあげてきた。昔、たしかにあった人間関係のぬくもり、いまも心の片隅にほんの少し残っているその懐かしい感情が、ふわ～っとよみがえってきたのだ。

こうした愛の形は、もはやドラマの中だけのことなのだろうか。男と女の間だけでなく、家族間でも在宅介護の場でも――。

多くの人は無意識のうちに、家族ならもたれあいや甘えが許されると思い、それを「愛」と呼んだりする。介護においても、「家族なら面倒をみて当たり前」とか「うちの子は私を裏切らない」と考えがちだ。でもこれらはどこか間違ってはいないだろうか。自分の都合のために「愛」という言葉を持ち出すのは、ルール違反とまでは言わなくても、あまりに淋しすぎる人生だ。「冬ソナ」の愛とはほど遠い。

勘ちがいや思いちがいの「家族愛」は、家庭崩壊や介護心中といった悲劇を招く。たとえば家族以外のヘルパーや施設に介護を依頼するのは、愛がないからではない。

あなたの心身の健康を守るための当然の権利である。人は罪を犯せば、それ相応の罪悪感を持つべきだ。でも、罪でないことにまで罪悪感を持つことはない。

世の中が複雑になればなるほど、自分を客観的に見つめることが大切になってくる。**介護される側もする側も、互いに甘えではない愛情で助け合う関係でありたい。**

では本当の家族愛とは何か。私なら、「それは安らぎである」と答えたい。

熱烈歓迎

「冷たさ」と「冷静さ」は区別する

どう考えても、お年寄りをこのまま家でみつづけるのは限界――、外からはそれがはっきりわかるのに、長期入所はおろか、ショートステイやデイサービスのように一日や数日預けるのも拒む人がいる。

その理由の大半は、いまも昔も変わらない。「施設の援助などを受けた日には、身内や世間に何と陰口をたたかれるかわからない」からだ。「悪い嫁」「冷たい娘」「むごい妻」……、実際にそう言われなくても、介護をしている側は、どうしてもそんなことを想像して恐怖を感じてしまう。

私は「手は出さないが口は出す」小姑やご近所の方々に、言ってやりたい。「冷静さと冷たさとはちがうものですよ!」と。

冷たい人は他人のことより自分が何より大事。誰かに何かが起こっても、「対岸の火事」を押し通し、心が痛まない。これに対して冷静な人は、他人への思いやりは十分にある。他人の窮地《きゅうち》を救おうともする。しかしそのとき決して感情には走らず、状況を客観的に見つめ、よく考え、よりよい方針を導き出す。その態度が落ち着いていて、判断したことをスパッと言い切るので、ときに冷たいように見えるだけなのだ。
それなのに在宅介護の現場では、これを混同して、シンプルなことを複雑にしていることが多い。**「冷たい」と思われるのを恐れて、「他人の手を借りるべきである」という「冷静な」判断を取り下げたら、事態をますます深刻にさせるだけ**である。最初は動揺するかもしれないが、「私は間違っていない」と自分に言い聞かせ、胸を張って進んでみよう。

大丈夫
あなたが揺らぐ
ことはない

「在宅介護＝《イコール》幸福」とはかぎらない

どこかの政治家だけでなく、私のまわりでも、在宅介護がいちばん幸せだと思っている人が多い。もちろん悪いことではない。しかし時と場合、それに環境というものがある。そうした個々の事情を無視して、どんなときでも在宅介護がいちばんというのは、単なる刷り込み、思い込み、ほとんど神話の域である。また、これと対《つい》になっているのが、「施設に入れる＝かわいそう・気の毒」という図式である。

施設に預けるのはかわいそうだという偏見の原因のひとつは、昔の養老院のイメージがいまだにあるからだろう。不幸な人が最後に行く場所、暗い建物……。そんなイメージだけが、いまも残っているのではないか。そして、施設といえば足を踏み入れた瞬間から悪臭がし、よどんだ空気に包まれるところ、と勝手に悪い想像をふくらませているのではないだろうか。

とんでもないことである。実際の施設をまずは見学してみればいい。**施設にはプロの職員が何人も控えている。健康状態もかえってよくなるケースはざら**である。たとえばショートステイを利用することで、隠れた病気がわかることだってある。「若草」でも、認知症をはじめ、いくつかの病気を発見した例がある。

Hさんは、食べても食べても、すぐにお腹をすかせた。そしてまわりのお年寄りに「食べさせてくれないのよ。みなさん、だまされているのよ」などと言いまわった。認知症によるものだということは、私たちも家族もわかっていた。

ある日スーパーで、Hさんとその息子さんが買い物をしているのを見かけた。ちょっと様子をうかがっていると、Hさんは、のり巻きのパックを手に取るやいなや、その場で開けてガツガツと食べはじめた。尋常《じんじょう》でない様子に、まわりの人はビックリしている。息子さんは恥ずかしそうにしているが、止めようがない。

次の日、このことを病院勤めの経験のある職員に話したら、「その食欲は、もしかしたら甲状腺の異常からきているのかも」と言いだした。調べてみたら、なるほどいくつかの症状が重なっている。さっそくご自宅に手紙を出したところ、後日、検査の結果そのとおりだったという連絡をもらった。

「施設を避けるのは、本人がいやがるからだ」という人もいる。たしかに最初は抵抗するが、**行って実際にお世話されて、どういうところかわかると、「また行きたい」と態度を変えることが多い。**家の中では単調な生活だが、施設では催し物もあるし、他のお年寄りとの交流もある。また入浴なども、家のお風呂より大きくて気持ちよかったりするからだ。

ひるがえって、在宅介護の現実はどうか。

「特別養護老人ホームに入れるぐらいなら私が面倒をみる」と実母を引き取った娘さんがいたが、その人は2年間、母を外出させず、たまに身体を拭《ふ》くだけで、一度も風呂に入れていないという。これはもう虐待に近い。私には、そのお母さんが、娘さんやまわりの在宅介護信仰者の犠牲者に見えた。

ここまで極端でなくとも、施設以下の対応しかできない家庭は少なくないはずだ。「どんなに立派な施設でも、身内を預けることは道徳心に反する」と、情で抵抗する人もいる。こういう考えの人々は、施設はもちろん、家にヘルパーを呼ぶことすらいやがったりする。

時代錯誤もいいところである。この長寿国で昔どおりのお世話をしていたら、介護者のほうが先にあの世に逝《い》ってしまう。私の義母は先年１０４歳目前で大往生を遂げたが、そのとき、実子たちも高齢で自分の身体がままならず、誰一人として葬儀に出られなかった。そういう時代なのである。

情にこだわると家庭崩壊を招く。身内を大事にしたいと言うのなら、世話をする側も身内の一人。介護者への情はどう説明するのだ、と言いたい。

長寿のおまけ

突然ですが私、このまんがを描いているオーシロカズミです
これは20数年前、テレビで見た長寿世界記録保持者S・Iさんのインタビューです
S・Iさん、115歳のお誕生日おめでとうございます いつもお元気そうですが悩み事はあるのでしょうか
実は最近、息子が呆けてきまして……
どひゃ

天国と地獄の分かれ道

特別養護老人ホームなど長期の施設はもちろん、たとえショートステイであっても、最初から喜んでやってくるお年寄りはいない。捨てられると思っているのだ。連れて行かれる施設がどんなところかわからないのだから、自然な感情だろう。私だって絶対に抵抗すると思う。

施設に初めて訪れるお年寄りのいやがり方を見ていると、初めて保育園に来た子どもを思い出す。「やだー、やだーっ」と泣き叫ぶ、あの子どもの姿である。

また、やっとのことで預けても、お年寄りが施設で見栄を張り、カッコウつけた反動で、「家に帰ったとたんわがまま放題。疲れてげんなりしたからもうこりごり」と訴えるご家族もいる。

しかし、である。**ここで「かわいそう」とか「かえって面倒」と思ってあきらめてはいけないのである。**

鬼のように思われるかもしれないが、ここでの決断が天国と地獄の分かれ道なのだ。

これもまた、子どもを保育園に預けるときと同じである。朝、子どもを預けて仕事へと向かうその背中に、いつまでも悲痛な泣き声が突き刺さる。そのとき母は身を切られるような思いをする。でも、仕事のため、あるいは他のさまざまな理由から、預けるのがよいのだと決断したはずだ。

何度でも言おう。お年寄りを施設に預けるのは、介護放棄などではない。それはあなたの心身の健康のためであり、あなたの健康を守るのは、お年寄りのためなのだ。

SOSを出さない人に助けはない

「若草」には、ときに対応に苦労するお年寄りもやってくる。D子さんもその一人。気性が荒く、なにかというと大声で暴言を吐く。車椅子なのに、感情がたかぶると職員や他のお年寄りを叩いたりといった暴力もふるう。そんなこんなで、自宅でも車椅子で立ち上がっては転倒を繰り返し、二度も大腿骨骨折《だいたいこつこっせつ》をしているという。

しかしこれはこの方の性格だけでなく、認知症のなせるわざだと思われる。外に出たきり、帰ってこられないことなどがあるからだ。

一刻も早く病院に——。ふつうなら介護者にそう言って事態を改善させるところであるが、このケースはもう遅かった。

面倒をみているお嫁さんは、すでにアルコール依存症。肝臓の状態も極度に悪く、ぼろぼろの身体で精気がない。完全に無気力で、義母の介護どころか自分のこともできなくなり、ここに連れたきたのだった。

抱え込み介護の結果である。D子さんを見ていれば、そのお世話がどれだけ大変かはすぐわかる。こうなる前に、なぜ他人の手を借りなかったのか。彼女の痛々しい姿を見て胸がしめつけられる思いがした。

施設入所は、長期であろうと短期であろうと、すべて申請主義。つまり自分から訴えないかぎり誰も助けにはこないのが現実だ。

これを特殊な例だと思ってはいけない。このお嫁さんだって、かつては元気ハツラツだったのだから。

「行動」なくして「成功」なし

いきなりで恐縮だが、人生、そううまくいくことはない。何もしないでいて、まわりが解決してくれるなんてことはまずないのだ。

それは夢。宝くじに当たったら……と思うのと同じ。夢の楽園などどこにもない。身もふたもない言い方かもしれないが、いっそのことそう腹をくったほうが、展望はずっと拓けてくる。

ひたすら待って行動せず、努力なしに寝ている人に幸せが訪れたという例を私は知らない。「三年寝太郎」という昔話があるが、あの寝太郎だって、じつはただ寝ていたのではなく、村の干ばつを解決する方法を考えていた。そして、いざというときに起き出して大岩を動かし、川の流れを変えたのだ。

何かを得たい、あるいは変えたいと思ったら、自分から行動するしかない。

たとえば、いまのままの状態で介護を続けたら自分が先に倒れてしまうと感じたら、短期でも長期でも、施設に入所させることにする。すぐに資料を集め、電話をかけて聞いたりしながら、どこにどう入所させるか選択する。選択したら手続きをとる。

どうしても空きがないときは、介護保険対応型でないところも選択肢に入れる。その場合、施設によってまちまちながら、たとえばショートステイで一日1万円ほどと料金は割高になる。しかしこの場合は、緊急事態回避のため。トータルで考えれば高くない。

身内の誰かが反対したら、お願いする、説得する。ときには哀願も必要だ。あるいは、夫が介護に非協力的なのが悩みなら、胸に溜めこまないで率直に頼む。うるさそうに聞き流されても、あきらめないで次の手を考える（136ページ参照）。

ひとつ行動を起こせば、そこにはいろいろな作業が生じる。だれだって面倒くさい。それに、結果が必ず吉とはかぎらない。ときには非難されたり、うまくいかないこともある。

それでも、結果の善し悪しにこだわって足踏みしているだけでは、未来は拓けない。こういうときは、「必ず次が待っている」と信じて一歩を踏み出してほしい。その勇気は、きっとお年寄りの幸せにもつながる。

かつて「若草」に入所したあるお年寄りは、「嫁の顔に笑顔が出なくなったから、ここを利用しなくちゃと思って。相方の休養になれば、私もうれしいですからね」と打ち明けてくれたことがある。世話をしてくれている人の暗い顔を見るのは、お年寄りもつらいのだ。

捨てる神あれば拾う神ありというように、**たとえあなたの行動をじゃまする人がいたとしても、別のどこかに応援してくれる人が必ずいる**ものだ。そのときのありがたさ、生きていてよかったという感動も、行動しなかった人は味わうことができない。

自分から動く人には、どんどん生きる力がついてくる。

社会がどんなふうに変化しようとも、いつも自分で考え、自分で判断し、自分で行動できるようにもなる。

そもそも考えてみれば、**何かをするとき、自分より素早く動いてくれる人は他にいない**。ひたすら待つだけで幸せになった人を知らないと言ったが、勇気をもって一歩を踏み出し、無理だと思っていたことを叶えた人なら何人も知っている。

夢の楽園はどこにもない。けれど、自分で楽園をつくることはできるのだ。

はじめの一歩
道が分かれちゃってる…
どっちへ行く？森は深くなってきてるわ
誰かが通りかかるのをここで待つ？
人が通る保証があればね。とりあえず歩きましょう。陽が傾き始めてるわ
よしっとりあえず右だ！
OK！
しまったァ行き止まりだ
この道じゃないってわかっただけでもいいじゃない！

天使だって「剣」を持っている！

北海道の函館にあるトラピスチヌ修道院を訪れると、まず目に入るのが「大天使ミカエル」の像である。

多くの観光客は、その先に立つマリア像の前で記念写真を撮っているが、私はこのミカエルの像を初めて見たとき、足が動かなくなるほどの衝撃を受けた。慈悲《じひ》深い天使が、剣を持っていたからである。

「天使だって剣を持っているじゃないか。**やさしいだけではなく、ときには剣を持って闘うことも必要なのだ**」。私はこのときそう解釈した。

以来、「気高き剣を胸に、いまを生きる」をモットーにしている。

介護をしている人にも、よくこの言葉を使う。当たり前のようにすべてを押しつけてくる人がいたら、ときには剣をかざして「NO」と言おう、と。

気高き剣があればこそ、希望は叶うのだと思う。

希望があれば、真実だと思ったことをやり遂げる力が湧いてくる。そのとき剣が助けになることがあるはずだ。

食べる物がなくても生きていけるが、希望がなくては生きていけない。

私はキリスト教の信者ではないが、どんな宗教にも教えられることは多い。

「ラインホールド・ニーバーの祈り」に触れたときもそうだった。これはアメリカの神学者、ラインホールド・ニーバーという人の言葉だが、いつ読んでも深く胸に染み入る。

主よ
変えられないものを受け入れる心の静けさと
変えられるものを変える勇気と
そしてその両者を見分ける英知を我に与えたまえ

問題が起こると、ついその問題とどう向き合うのかを忘れて、そこで起こっている現象にいちいち動揺してしまう。

でも本当は、そんなときこそ冷静に、いまここにある問題とどう向き合うかに想いを寄せるべきなのだろう。なぜなら、それこそが最速にして最善の解決につながるから。

そういう私などは、正直なところ、いまもすぐ感情的になる。それでもこうした教えを知ることで、確実に少しずつ変わってきているのも感じている。

意志あれば道あり。ときには胸の剣を高く掲げ、勇猛《ゆうもう》果敢《かかん》に飛躍しよう。

人生を切り拓くのは、その時々の決断と勇気なのだから。

真実と思った道なら
剣を掲げても前進しよう

ステップ2
疲れにくい心と身体の育て方

落ち込んだときには「笑顔の名言」

私は、ふだんから「なるほど」と思った言葉を、さっとメモしておくようにしている。そうして気持ちがふさいだときなどに、そのメモ帳を取りだして眺めるのだ。するとそこに書かれた言葉から、たくさんの元気と勇気をもらえる。

「言葉メモ」は、いわば速効のエネルギーの玉手箱。お金も時間もかからないで効果は絶大だから、介護をしている人にもお勧めしている。

メモする言葉に決まりはない。「いい言葉だなあ、素晴らしい！」と琴線《きんせん》に触れたらなんでもいいのだ。私の場合は「笑顔」に関する名言が多い。小説や新聞記事、広告コピー、中には私自身が誰かと話していて思いついたものもある。

出典不明のままで恐縮だが、そのいくつかをここで紹介してみよう。

笑顔は自分を輝かせ、人々を輝かせる宝石のようなもの

眉間にシワを寄せるより、笑顔のほうが美人に見える。笑顔は宝石より尊い。

どんなにＩＴが進もうと笑顔は不変です

まったくだ。ガン患者などの間で、笑うことで症状が緩和されるという「笑い療法」が広がっているというが、私はそれは本当だと思う。

明るい笑顔とやさしい言葉　百の説得より笑顔がいちばん

介護に追われているとなかなかこういうふうにはいかないけれど、真実にはちがいない。

あなたの笑顔が世界を変える

笑顔は次から次へと伝染する。赤ちゃんの「ニコッ」を見ると周囲のみんながニコニコするように――。

あなたの顔は環境の一部　仏頂面は環境破壊

仏頂面はハタメイワク。笑顔で世界を変えるか、仏頂面で環境を破壊するかはあなた次第!?

笑顔は解決の妙案。どんなときでもほほえむことができる人は、どんな困難に向かっても見事に解決してしまう

笑顔は万国共通の問題解決の妙案。ほほえむことで平常心を取り戻し、余裕が生まれる。

さまざまな壁を低くして、笑顔で取り組む

これは私の言葉かな。「こんなふうになりたいな」という想いを込めて……。

曇りのち笑顔

終わりよければすべてよし！　試練のあとに歓喜あり！

すべては笑顔から始まる

哲学者・アランの言葉だったと思う。介護づけになっていると、「もう何日も笑っていない」なんてこともある。でも、必ず笑顔があふれる日は来る。もし笑う材料がひとつもないのだとしたら、まず先に笑ってしまうという方法だってあるのだ。そこから流れが変わることもある。

笑えば花になり、怒れば嵐を呼ぶ

「ああ、ついつい嵐を呼んでいるなあ」と自分を客観視できるだけでも助かる言葉。

君看《み》よ雙眼《そうがん》の色。語らざれば憂いなきに似たり

良寛が愛した句。「私の瞳を見てください。何も言わない私の瞳を憂いのない人の瞳のように見るのですか」という意味。ひとことで言えば「顔で笑って心で泣いて」だと思う。私の好きな言葉。座右の銘のひとつ。

笑顔は生きる上でなくてはならないもの。

つらいときこそ、こんな言葉を思い出してにっこり笑ってほしい。笑顔はあなたを美しくする。

「夕暮れ」ではなく「夕映え」にするために

人は長く生きて年を重ねたのち、人生の「夕暮れ」を迎えるのではない。「夕映え」を迎えるのだ。「日残りて昏《く》るるに未だ道遠し」。これは知り合いの男性が定年退職の挨拶状に書いていた句だが、こういう心境でいられる方は、きっと夕暮れではなく夕映えを見ることができるだろうと思う。

あるとき、もう8年も義母の介護している女性が、「こんな生活を続けているうちに年をとっていくのかと思うとお先真っ暗です」とつぶやいた。20年以上介護している人とも日常的に接している私としては、その場しのぎに「そんなことありませんよ。もうすぐ解放されますよ」などとは決して言えない。先はまだわからないのだ。

でもだからこそ、暗い未来を想像して真っ暗になるより、いまを明るくできないものか。たとえば**日常にちょっとしたユーモアをもぐりこませる**だけでもいいのだ。

私のまわりには介護に関して一筋縄ではいかない問題を抱えている人たちも多いが、そういう方にかぎって冗談が上手である。

たとえば、「若草」から退所されるとき、見送った私が「忘れ物はないですか」と尋ねたら、「夫を忘れていきたいわ」と笑って答えた女性がいる。自分のお腹の肉をつかんで「これ脂肪診断書」と言ったA子さんもいる。お見合いの席で趣味を聞かれ「お琴を少々」と言うつもりが「男を少々」と言い、あわてた母親が、「ふつつか者ですが」と言うべきところを「ふしだら者ですが」と言い間違えたという小咄《こばなし》で笑わせてくれたのはO子さん。「裕次郎の写真より、手に入る男が好き」。これは私の友人の半分本音の冗談……。

あなたも収拾のつかないストレスの塊を抱える前に、冗談のひとつでも口に出して、小さな「スッキリ」を味わってほしい。

涙は「癒しの水」でもある

笑いの対極にあるのは涙、だろうか。

感動したときやうれしいときに流す「幸せ」の涙もあれば、悲しいときや悔しいときなど「マイナス」の感情によってあふれ出る涙もある。

このうち幸せの涙を止める人はまずいないが、マイナスの感情が呼び起こした涙には、「泣くもんか」と唇をかみしめてがまんしてしまう人がいる。しかし、それは心にも身体にもよくない。

俗に「涙は心と身体を浄化する水。癒しの水」という。これを初めて知ったとき、なんと美しく、また真理を突いた言葉だろうかと思った。笑いに関する言葉は、年齢や生きざまに関係なく誰の心にも響くだろうが、「涙は癒しの水」といった言葉は、まさに介護でつらくしんどい思いをしている人にこそ染み入るものだろう。

悲しみや悔しさゆえの涙は、本当は少ないほうがいい。だけど、もしそういう涙があふれそうになったときは、**がまんするのではなく、どうか気がすむまで流しつづけ**

てほしい。再び前を向くのはそのあとからだって遅くない。あなただけは、せめてあなたの感情を押し殺さない人であってほしいのだ。

「涙を流したぶん、幸せになれる」などとも言われる。その意味は、苦労は報われるというだけでなく、涙を流すことによって浄化され、癒され、新たな力が得られる、ということでもあるのだから。

大きな悲しみや怒りにおそわれたら……

ちょっとしたことを引き金にして、「どうしてお義母さんは私のことを一言もねぎらってくれないのか」とか「どうして私だけにすべてが押しつけられるのか」というように、悲しみや怒りが数珠《じゅず》つなぎになって噴き出してくることがある。これは、癒されずに放っておかれていた心の傷がある証拠だと、何かで読んだ記憶がある。

そんなとき、ある人は大声で泣いたり叫んだりする。またある人は、懸命にその感情を押さえ込んでじっと耐える。その人なりの生き方があるのだから、どちらがいいとか悪いとかの問題ではないという。ただ私自身は、できるだけ無理に押さえ込まず、一度吐き出したほうがいいという考えだ。**ぐっとがまんすればするほど、それでは収まらない本当の声が、より強く蓄積されてしまう**ように思うからだ。

いずれにせよ大事なのは、生きていることの感謝とよろこびだけは、失ってはいけないということ。激しい悲しみや怒りにおそわれると、生きること自体に意欲を失ってしまうことがある。でも忘れないでほしい、途中で失敗してもイヤになっても、命がありさえすればやり直せるということを。
ここで、知人に教えてもらった小学校三年生の詩を紹介しておきたい。この少年は、ウェルドニッヒ・ホフマン病という難病と闘っている。

「いきる」　　大山裕司

いまぼくはいきている
いきているだけでまんぞくだ
いきているだけでおもしろい
いきていたらなにもいらない

ありがとう

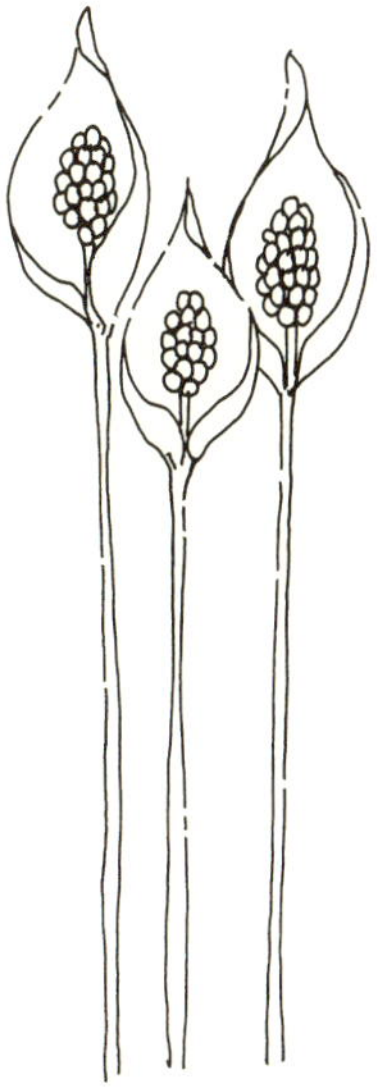

結果オーライでいいのだ

「生きてさえいれば、いつか必ず事態や環境が好転する」に通じる言葉をあと2つ。

ひとつは『バカの壁』（新潮新書）の著者・養老孟司さんの「時はクスリ。時間は偉大な治療者である」。もうひとつは、モーツァルトの「人生は幸福の予感のもとに始まっている」。ついでに私から、「結果オーライでいいのだ」という言葉も。

終わりよければすべてよし。**いろいろあっても、最後に「よかったね」で終わればいい。**

何がきっかけだったかは忘れたが、高校生のころ突然、「自分の命がなくなるその瞬間『こんなはずではなかった』と思う人生だけはイヤだ！」と思ったことがある。そして「ああ、私の人生は素晴らしかったわ」で終わらせたいと強く願った。

その気持ちはいまも少しも変わらない。でも、心からこう言えるようになるのはたやすくないはず。少なくとも次の条件は満たさないとダメだと思っている。

「失敗を人のせいにしない」「人に頼りすぎない」「自分で人生設計する」「うまくい

かなくても、自分で選んだ道と思って後悔しない」

施設で多くのお年寄りと接すると、人を頼ることと年齢とは関係ないことがよくわかる。90歳を過ぎても、感謝の心を忘れずカクシャクとしている人もいれば、60歳そこそこでも、常に人を頼り、人を使うことは年寄りの特権と思っている人もいる。どちらが望ましく映るかは言うまでもない。

結果オーライ

バチャッ
あ〜ん やっちゃった〜
ぶら〜ん
ん
冷蔵庫の下に何かある
あっ
失くしたと思っていた婚約指輪がこんな所に

「貧乏クジ」を「役得」に変える

介護なんて、本当のところ誰も進んでしたくはないだろう。

かつての私は、自分と同じように子育てを終えた友人が、趣味に旅行にと自由に羽ばたいているのを横目に見つつ、「どうして自分だけが……」と何度もやりきれない気持ちになった。あたかもガンを告知され、「なぜ私が?」と絶望的になるように。

けれどそのとき、私を救ってくれたものがある。それは、曾野綾子さんのエッセイで目にした「介護は役得」という言葉だった。「役得」という語は、ふつう権限を利用して袖の下に……というように、あまりいい意味では使われない。けれど私の介護生活の中で最も影響を受けた言葉をあげよと言われたら、文句なくこの言葉である。

間近に見ることができた「人が老いていくさま」は、自分の老後に活かせる。**介護を通して泣いたり笑ったりしたことすべてが、いつか必ず将来の自分に役立つ。**

そう思えたとき、暗闇に一筋の光がさしこんだように、私の心は不思議なほど軽くなった。そのうち、「私がいるからおばあちゃんは元気でいられるんだ。私は人の役に立っている」という自己肯定の気持ちも湧いてくるようになった。

そう、すべての人は自分以外の人の役に立つように送り出されている。あなたは、「誰かの助けを借りないと生きていけない人の大切な存在である」ということを自覚しているだろうか。

どうせしなければならない介護なら、すべてが終わったあと後悔でなく満足を残したい。ぜひ、「貧乏クジ」の介護ではなく、「役得」の介護にしてほしい。

いつまでも愛しまれる
そんな人生でありたい

露に輝くまつぼっくり

過ぎゆく一日が大切な歳になりました

「介護の経験が、いつかきっと役立つことがある」のは本当だ。でもこれは「やりたいことも介護のあとに……」とすべてを先延ばしにしていいという意味ではない。

在宅で介護をしている人の多くは40代以上。70代で90代の親の面倒をみている方もいる。人は、年を経るごとに過ぎゆく一日が大切になっていく。まさに、「一刻を惜しもう」だ。「生命《いのち》短し恋せよ乙女」は、なにも乙女だけのことではない。乙女をとっくに過ぎたって、いやとっくに過ぎたからこそ、一刻を愛おしまねばならないのだ。

いくつになっても、「あのときがよかった」ではなく、「いまがいちばん」の日々を過ごせたらどんなにステキだろう。介護をしている方々は、「そうしたくてもできない」と反論されるかもしれない。でも、いま**自分が本当にしたいことをがまんしているのは、「やれないから」だけなのだろうか。その心の奥底で、「いつかはやれるさ」と高《たか》をくくってはいないだろうか。**明日があるという保証はないのに——。

戦争を体験した方なら「朝に紅顔の美少年、夕に白骨をさらす」という言葉は胸に突き刺さるはず。しかし戦争でなくとも、明日の我が身は誰にもわからない。老若男女を問わず、一寸先は暗《やみ》なのだから。

ある女性が、長年のキャリアを捨てて会社を辞め、認知症の実母を引き取って介護に専念した。ところがある朝、いつまでたっても起きてこない。家族が見に行くと、すでにこと切れていた。まだ50歳前だった。

一泊の温泉旅行、デパートでの買い物、趣味のサークル通い、観劇……したいことがあるなら、「いつか」ではなく、「いま」始めてほしい。生あるかぎり、いつでもいまをいちばんに！

気休めだっていいじゃない

「神様は、試練に耐えられる人にだけ試練を与える」

これも、私の介護の日々を支えてくれた言葉である。ことあるごとにこの言葉を思い出しては、自分を励ましていたように思う。

こんな言葉に支えられるなんてしょせん気休めだ、と言われるかもしれない。でも気休めでもいいじゃない。人生には、そう思わないとやっていられないときがあるものだ。

ひたすらがんばる介護は、百害あって一利なし。けれど現状を打開し自力でいまとはちがう日々をもたらすための努力や工夫なら、大いにがんばったほうがいい。

耐えるがんばりではなく、生きるよろこびをもたらすためのがんばりを——。悲しみやむなしさに押しつぶされるのではなく、それを逆に力にするのだ。

しかし、そうしてもなお、ときには不快な思いをする。耐えるしかない場面もある。それが在宅介護の、いや人生の現実だ。そんなとき、冒頭の言葉を思い出してほしい。

耐えることで人は大きくなる。それをバネに人は飛躍できるのだ。あのベートーベンも言っている。「人は苦悩を突き抜けて歓喜を得る」と。

ちなみに私に関していえば、これは気休めでもなんでもなかった。義母をみとったいま、私はあの介護の日々がなければ決して得られなかった宝物をたくさん胸に抱いている。

無意味なガマン

冷たーーい
はあ
じーん
頑張るのよ のぞみ
これくらいで くじけちゃダメ
ピッ
なんでお湯使わないの？ 冷たくないの？

「アリ」は卒業。「キリギリス」になろう！

あなたは「アリとキリギリス」の寓話《ぐうわ》から、何を教訓にしただろうか？　多くの人は「いざというときのために、ふだんから努力を惜しまない」アリ的人生を見習うよう、親や先生から教えられたと思う。

けれど私は、介護をしている人たちに、キリギリス的人生をお勧めしたい。先のことばかり考えて、今日を真面目一辺倒に過ごすのではなく、もっと気さくに人生と向き合ってもいいのではないか、と提案したいのだ。

それは、投げやりな生き方とはちがう。場当たり的な生き方ともちがう。

私が「キリギリス人生」を推奨するのは、**「リアリティとファンタジーをバランスよく生きる」**ためだ。アリ一筋の人生にはファンタジーが足りない。キリギリス一筋だとリアリティが足りない。でも、たいていの日本人は、もうさんざんアリの人生を送っているはずだから、ここらでキリギリスに変身したとしても、それでちょうどいいはずだ。

このバランスのとり方は、慣れるまでけっこうむずかしいかもしれない。真面目に取り組むべきところを「気さく」にやり過ごしてしまったり、ラフでいいところで真剣になりすぎたり……。

介護の場面でどうすべきか迷ったとき、私はどなたかが語ったという名言をよく思い出した。「なんでもないことは流行に従う。重大なことは習慣に従う。芸術のことは自分に従う」。この「芸術」の部分を「介護」に変えればいいのだ。

力を抜いて
バランスよく
生きてみよう
小さいわりにずいぶん重うござんすね
キミが軽すぎなの

「完璧な介護はムリ！」と知る

「曲がったことが大嫌い」「白黒はっきりつけたがる」「やるからにはとことんやる」。よくも悪くも、私はそんな突進型の性格だが、じつはこうした気質の持ち主は、介護では人一倍疲れやすい。

子育てでも介護でも、人を相手にすることに完璧を求めると、必ずどこかで無理がたたるときがくる。

それでも子育てはまだましだ。「小学校に上がるまで」「成人するまで」というように、ゴールが見えやすいからだ。それに比べて介護はいつ終わるかわからない。ゴールがどこかわからないまま完璧を目指しつづけるなんて、やめたほうがいいに決まっている。

そもそも、完璧な人生って、そんなに大事だろうか。

最近になって、私はつくづくそう思うようになった。１００％の人生より、あるがままを受け入れられる人生のほうが、ずっと魅力的ではないだろうか。

この不確かな人生の中で、ただひとつ確実なのは、誰もが結局のところ死ぬということだけ。この心境の変化は、長い介護経験と、「若草」で出会った何百人もの在宅介護者との触れ合いで生じた一種の悟りと言えるかもしれない。

かつて『小さなことにくよくよするな』（リチャード・カールソン著／小沢瑞穂訳サンマーク出版）という本がベストセラーになったが、まさにそのとおり。しょせんすべては小さなことだ。

完璧を信じすぎると
小さなヒビにすら
神経質になる
あああ～
ピシッ

いままでは集中力。これからはバランス力

幼いころ、青春時代、そして働きざかりのとき……。いつでも求められたのは集中力だったように思う。でも一定の人生経験を重ねたら、むしろ「バランス力《りょく》」のほうが重要だと感じるようになった。

たとえば私は、優柔不断もときには悪くないと思う。それは不決断ではなく、憂《うれ》いを含んだ状態とも言える。「優しい」という字も、人が憂えると書くことだし……。豊かな人生には、憂いが欠かせない。こういうことは、若い人にはわかるまい、とちょっと鼻を高くしたい気分である。

介護でも、「バランス力」が威力を発揮する場面はたくさんある。

たとえば「情報と知恵と想像力」。介護サービスの「情報」をしっかり持って、適切に利用する「知恵」。同時に先を見通す「想像力」があれば、実生活での負担は確実に軽減されるだろう。それに「あたたかい心と冷めた頭」。人を思いやる心を持ちつつも、その一方で冷静に状況判断できる頭をキープしておきたい。

どれもひとつだけではうまくまわらない。お互いがお互いを活かしあえたとき、大きな力となるのだ。

これに「**おごることなく、くじけることなく**」を忘れなければなお心強い。「介護してやっている」とおごらず、さりとて「こんな生活はイヤだ」とくじけないこと。そんな境地を切り開ければ、もうあなたは介護、そして人生の達人である。

情報利用は適切に

身体にいいのはわかるけど野菜ばかり食べてちゃダメよおばあちゃん
お肉もお魚もバランスよく摂らなきゃ
あいたた腰が!
大丈夫?
太極拳が健康にいいのはわかるけど、若い人と同じように動くなんて無茶よぉ
よいしょ
ギギっ
痛〜〜いっ
あ、ごめん、介護法もちゃんと勉強したんだけど、教科書みたいにはいかないわねぇ

ものは使いよう。気持ちは持ちよう

「苦しく悲しくつらい」のも人生なら、「楽しくおもしろく希望に満ちる」のも人生。その分かれ道は、誰かが決めるのではない。まったく同じ環境や条件でも、ある人はつらいと思い、ある人はおもしろいという。要するに自分が決めているのだ。「ものは使いよう、気持ちは持ちよう」だ。

私たちは10代や20代の若者とちがって、これまでの人生でいくつかの試練や苦難を乗り越えている。そのぶん、生きる知恵が備わっている。

その知恵を、介護のつらさに使えないはずはない。その人なりに、楽しく、やさしく、しなやかに変えていく方法がどこかにあるのではないだろうか。

また、ちょっと機転をきかせて気持ちを上向きにさせることだってできるはず。たとえば「ウソも方便」は、他人にだけ使うものではない。ときには自分にも使ってみよう。「正しく」ウソをついて、自分をホメまくるとか……。

昔に比べれば、神経だってずいぶん図太くなっている。

「もう少し安くして」と値切ったり、電車で狭い席にお尻をねじ込んだりして、「これだからオバサンはいやあね」と言われるだけではもったいない。**自分を活かし輝かせるために、持ち前の図太さを、したたかに使ってほしい。**

たとえば介護でつらいときに、あえて「負けてたまるか」と自分に言い聞かせる。決して絶望はしない。絶対に生き抜いてみせる、と。福の神は、そんな人のところにやって来るものだ。

とにかく、お年寄りをお世話するだけでなく、自分のことも忘れずに世話をしてあげよう。

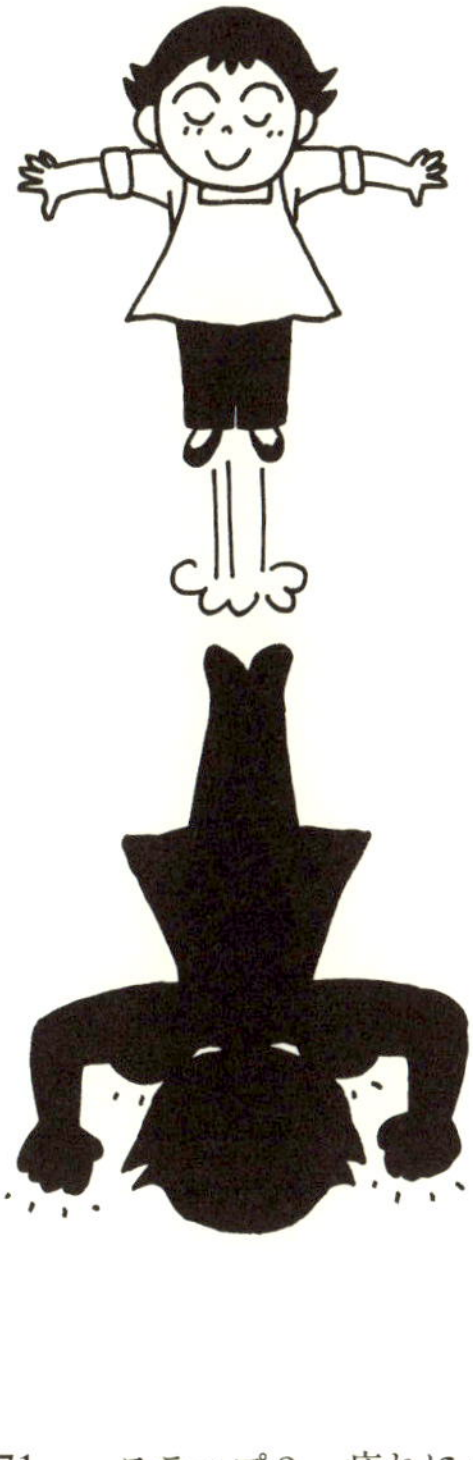
信じよう
今日まで
生き抜いてきた
あなたの強さ

自分に「ニンジン」をあげる

私は、義母の介護をしていたある時期、介護と無縁で暮らしている人がうらやましくて仕方なかった。「あの人、毎日おしゃれして出かけている。どうしてあんなに自由なの……」。要するに、ねたみである。そして次の瞬間、そんな感情を抱いている自分にハッと気づいて、何とも言えない嫌悪感が広がった。

先の見えない介護の日々だけでもつらいのに、介護によって自分がイヤな人間になっていくのかと思うとゾッとした。それだけはなんとしても避けたかった。もしかしたら、あなたも同じような経験があるのではないだろうか。

私の場合、「どうしたら他人と自分を比べずに、ねたまずにいられるか」は、ある時期大きなテーマとなり、人の話を聞いたり、本を読んだりしながら、なんとかいい方法はないかと考えた。そうしてある日、突然するりと答えが見えた。それは、ある人物を思い出したのがきっかけだった。

Kさんとは、生協の活動で知り合って以来、もう何十年ものつきあいになる。男性にしては珍しく、妙な見栄をはらず、どんな立場の人ともフランクに接する。同時に、気がつくといつのまにか何かをやらされていることも多く、じつにうまく人を動かす名人でもあった。いい意味で、「要領よく」生きる人だ。そんな裏表のない彼の人柄が小気味よいから、縁が切れずに来られたのだと思う。

さて、その彼には口癖があった。「これが終わったらゴルフだ」である。そういえば、彼は責任ある立場でいつも多忙を極めていたのに、どこか余裕があった。その秘密のひとつがここにあるのではないかと気づいたのである。私もこれでいこう！ とひらめいた。ねたむヒマがあったら、自分のしたいことをしっかり持てばいい。言いかえれば、「馬にニンジン」ならぬ「自分にニンジン」だ。

1日単位なら、「おばあちゃんのお昼ご飯が終わったら、駅前の喫茶店に行って、1時間お茶を飲む」「おじいちゃんをお風呂に入れたあとは、ヨン様のビデオを観る」といった具合に、**「○○が終わったら○○をする」と決める**。それだけで、メリハリがついて身体もなんとなく軽くなる。これと併せて、1カ月単位や半年、1年単位などの「ニンジン」も設定するとなおよい。奈良が好きな私は、「春になったら、仲良しのY子とお水取りを観に行く」といったニンジンが、とても功を奏した。

いま「若草」では、定期的に小さな催しを開いているが、ときにはどなたかをお招きして講演会をすることもある。ずぼらな私はメモもろくにとらず、話の内容をすぐ忘れることも多いのだが、ある日の講演者が紹介してくださった言葉はいつまでも心に残った。

「過去の追憶を未来の追憶にできる人は元気になれる」

フランスの哲学者・ミッシェル・フーコーの言葉だそうだ。平たく言えば、先の目標を描ける人は幸せになれる、ということではないだろうか。「ああ、私の『自分にニンジン作戦』も、まんざらではなかったわ」と、そのとき思ったものである。

他人から見たらどんなにくだらないことでも、自分の心に光がさすことを、いつでも胸に持っておく。そうすれば、とめどなく将来を悲観するのを避けられる。将来を悲観しなければ、ねたみだってなくなる。なぜなら、ねたみとは「私にはああはできない」という思い込みが生むものだから。

本当はそうじゃない。あの人にできるのなら、あなたにだってできる。

ニンジン豊作
大丈夫よ、病院から帰ったら母はお昼寝する習慣だからじゃ、3時に駅前のチェリーでね！
るんるん
ガチャン
あなた、ちょっとだけ友だちとお茶して来ていい？
ああ行っといで
これ見て！毎月千円ずつ積み立ててきたのが来月で満期なの
ほら、3万6千円
ほうすごいじゃないか、それで何を買うの？
みんなで一緒に韓国へ行くの♡
2泊3日なの♡いいでしょ!?
さ、お母さん病院へ行く時間よ
のぞみは幸せな人だね、こんなにたくさんニンジンを持ってるなんて

ストレスは、「バネ」にもなる

介護をしている人には、必ずストレスがたまる。これは残念ながら避けることはできない。だからストレスをいかに減らしていくかは、日々の生活の明暗を分けるほどの大問題だ。

そのためにはまず、息抜きや気分転換が必要。ステップ3で具体的な提案をしているので、ぜひ参考にしてほしい。けれど、うまくストレス発散ができたとしても、同じように介護をしているかぎり、また新たなストレスが蓄積される。そう考えると、発散するだけでなく、根本から取り除く方法にも着手しなければならない。

その際の大きなカギは、「ストレスを避けるのではなく、バネにする」と自分に言い聞かせることだと思う。バネにするとは、それを希望と勇気の糧《かて》にして、決して絶望しないということだ。**漠然とした不安やむなしさや劣等感などには、必ず何らかの理由・原因がある。**それらをひとつずつ解決していけば、自分を解放することにつながると信じるのだ。

この気力さえ持てれば、真剣に自分の本心に耳を傾けられるようになる。現状を打開するために「いま私はいったい何がいちばん不満なのか」も見えてくる。それが見えてくれば「その不満を取り除く最もよい方法」もわかってくるのだ。

気分転換という「対処療法」と、「元から断つ方法」との2つを試せば、あなたの心には、きっと晴れの日が増えるだろう。

原因分析

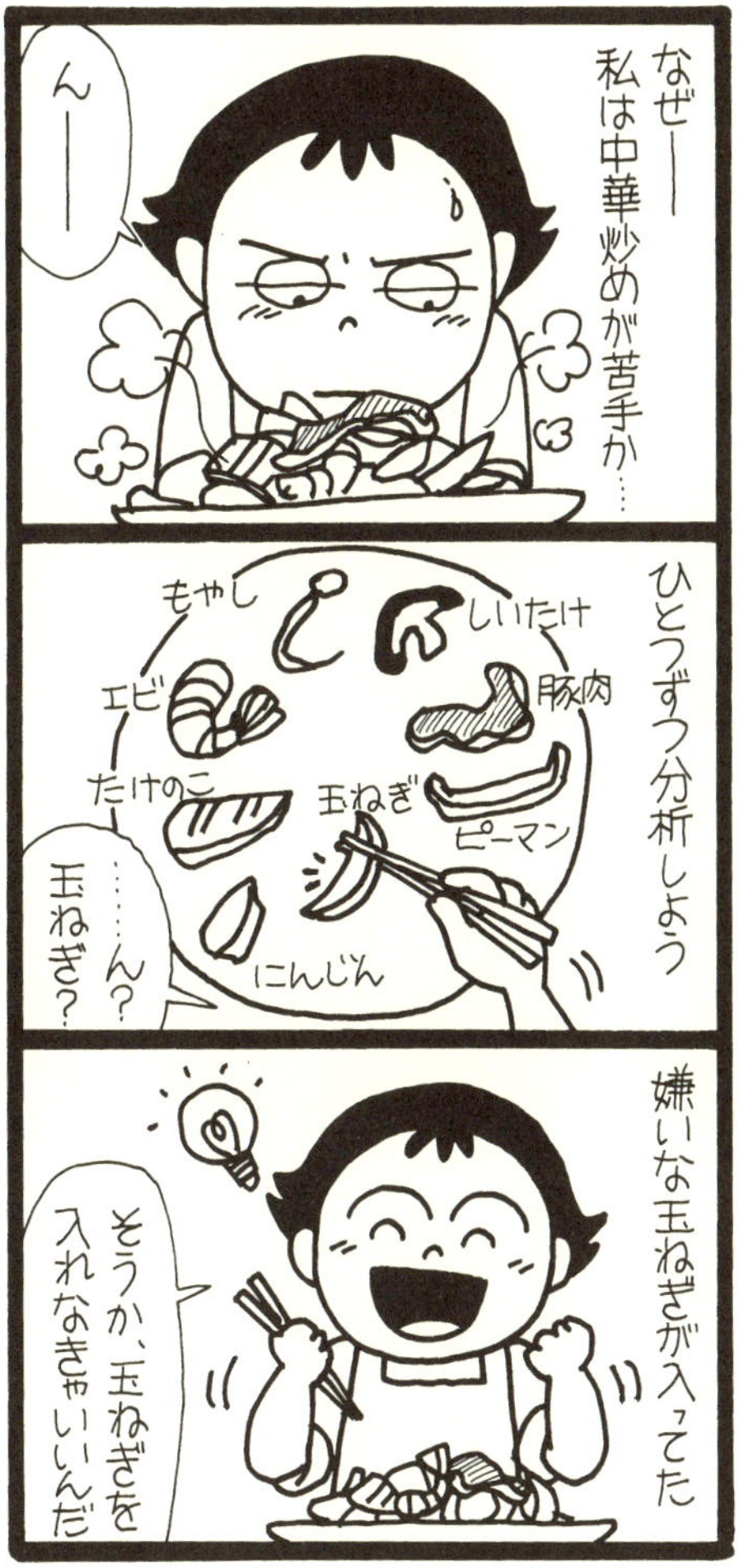

なぜ―― 私は中華炒めが苦手か…
ん――
ひとつずつ分析しよう
もやし
しいたけ
エビ
豚肉
たけのこ
玉ねぎ
ピーマン
にんじん
……ん? 玉ねぎ?
嫌いな玉ねぎが入ってた
そうか、玉ねぎを入れなきゃいいんだ

「ゴルディアスの結び目」を絶つ！

元気、気力、勇気、気分、気さく、気心――、気こそすべての源、そうして人は「平気」にいたる。いつ死んでもよいというのは悟りではない。平気で生きていけることこそ悟りなのだと思う。「生きるもよし、死ぬるもよし」。もちろんその境地にいたる道は遠いが、あせることはない。少しずつ近づいていけば十分だと思っている。

まずは、はつらつとした気を保つことだ。そのための秘訣は、**どんなことでも「たかがこれしき、なんぼのものか」と思う**こと。とくに介護をしていくには、大事な心がまえだろう。

ギリシャ神話から来た言葉に「ゴルディアスの結び目を絶つ」というのがある。なんでも古代の王ゴルディアスの戦車は、とても複雑な結び方でつながれていて「この結び目を解いた者はアジアの王になる」と言われていたほどだったとか。それを、かのアレクサンダー大王が剣で真っ二つに両断したという。ここから、難題を力技で解くことを「ゴルディアスの結び目を断つ」と言うようになったらしい。

介護をしていると、まさに難題が次々とおそってくる。その難題を慎重にひとつずつほどいていくのも大切だが、ある程度悩んで手を尽くしても解決できないときは、「たかが」の精神で、ゴルディアスの結び目を絶ってみてはいかがだろうか。一刀両断に難問を断ち切ったほうが、むしろよい結果が出ることだってある。

介護者の処世術のひとつとして、こんないさぎよさも身につけておきたい。

一刀両断

「人生の病気」をはねとばす7つの「気」

身体の健康を損なうものが「身体の病気」だとしたら、心をわずらうのは「人生の病気」だと思う。

前項で「気」がすべての源と言ったが、介護をしている人は、具体的に次の「7つの気」を忘れずにいてほしい。

「1に元気、2に陽気、3に勇気、4に男気、5に景気、6にやる気、7に根気」

介護でめげたときには、リズムに合わせて口ずさんでみよう。

じつはこれ、ビジネス本で知った「成功の秘訣」から頂戴したもの。ビジネスでは、これで「金のなる木になる」という寸法らしい。

5の「景気」というのは、威勢がよいということだ。また4の「男気」というのは、強気をくじき弱気を助けるような気だてのこと。女性だって持っていたい。私の好きな作家の一人、田辺聖子さんは、たしか著書の中でこんなことを言っていた。

「20代の健康は30代の元気の元。30代にしっかり食べるのは40代の健康の元。女の武器は美貌じゃないのよ。健康と頭とハートだと、たくさんの人の人生を見てきて思う」

なんとあっぱれな、すがすがしい言葉だろう。私たちもせいぜい本物の女の武器を携《たずさ》えて、どーんと前を見すえて歩いていきたい。

7つの気を力に「夢と勇気と一歩前進」の心意気でいけば、少々の困難や不幸は、あちらさんから逃げていくというものだ。

健康を保つ「4K」とは？

がんばらない介護をするのは、自分の健康を保つことがお年寄りのためにもなるからだ。もっと言えば、介護する人にとっては、自分の健康を守るのも「仕事のうち」。それに嫁の場合、病気になるほど介護をしても、「弱い嫁で困る」と言われるだけである。

自分の健康を守るには、何はともあれ、自分自身で守るという自覚が必要だ。

喜怒哀楽が激しい私は、かつて、なるべくイライラしないようにして心の不健康を防いでいた。お年寄りも子どもも、いや人というものはすべて、決してこちらの思惑《おもわく》どおりには動かない。いちいちイライラしていたらきりがないのだ。

そこで介護者のみなさんには、「4K運動」を提唱している。すなわち**「くよくよしない」「カッカとしない」「悲しまない」「ケチにならない」**である。

たいていは、カッとしてから気づいて苦笑するが、それでも少しずつ確実に結果が出る。忙しくなるとつい忘れてしまうので、洗面所や台所の隅など、いつでも目に入るところに貼っておこう。

ちなみに「ケチにならない」というのは、施設に預けたり、介護用品を買ったり、誰かに自宅に来て手伝ってもらったりするときにかかるお金は、自分の身を守るための必要経費と割り切ろうという意味だ。ついでに自分へのごほうびも。

とどめは、「血圧」のK。枕元に新鮮な水を一杯置いて寝る。そしてトイレに起きたときに一口、朝の目覚めに三口飲んで、モーニングイベント（水分不足が原因で、起きがけに脳血管系の異常をきたし倒れること）を防ぐのだ。

「4K＋1K」で、さわやかな朝を迎えよう。

人の健康を守るには
まずあなた自身が
健康でいること

「疲れる前に」休むクセをつける

介護には限度があり、体力には限界がある。疲れたときに休むのは言うまでもないが、一定の年齢を超えたら、「疲れる前に休む」を実践してほしい。この名言は、私が最初の子どもを身ごもったとき、産院の婦長さんが授けてくれたものだ。

その婦長さんは、若い私に言った。

「疲れたら休むのは当たり前。疲れる前に休むようにしてください。疲れてから休むのでは疲労がとれませんからね」

その後はすっかり忘れていたが、義母の介護をするようになって思い出した。そして、これこそ介護のコツだと思うようになった。デイケアやショートステイなどに預けようか迷ったとき、あなたもこれを思い出してほしい。

「疲れたら休むのは当たり前。疲れる前に休む」

疲れ切ってしまってからでは、気力・体力を回復するのに時間がかかる。実際ショートステイで数日間介護から解放されても、それでは足りないと言う人が多い。でも

ふだんから疲れる前にこまめに休んでおけば、回復までの時間は短くてすむ。

怠けるのではない。これも自己メンテナンスのうち。だから遠慮なんかしてはいけない。それどころか、自分に合った「ちょいと休み」のワザに磨きをかけるべきだ。

人生の重荷卸に昼寝かな

かの正岡子規さんもこうおっしゃっている。

電池切れ

あなた、携帯の電池がないわ
え？ まずいよォ 出張なのに
充電しても間に合わないわ 今日は諦めるのね
参ったなァ
切れてしまうまで使うからですよ
日頃から充電しておけば すぐに回復するんだけどねえ

すっきり起きてコロッと寝るには？

エライ人が言っていた。「きちんとした生活をしていないと運に恵まれない」と。この「きちんとした生活」というのは、人としてやるべきことはやるという意味だろう。けれど、すべてにおいてきちんとするなんてできっこない。

そこで提案したいのが、「人として」はとりあえず脇に置いて、まずは生活リズムをきちんとするということ。規則正しい生活、メリハリの効いた生活を目指すのだ。

起きているときは活発に活動し、夜はさっさと寝る。すなわち「すっきり起きてコロッと寝る」。これが理想だ。

夜中にお年寄りに起こされることが多いため、ちょっとした音でも敏感になって起きてしまうという人は、**定期的に「何があっても起きない日」をつくろう**。その日は寝る前に少しアルコールを飲み、早めに床に入り、耳栓やアイマスクをつける。家族にも「今日は何があっても起こさないでね。そうしないと倒れるから」と宣言するのがいいだろう。

以前新聞で「4割近い子が朝日や夕陽を見たことがない」という記事を見つけて驚いた。昔の人は、おてんとうさまに手を合わせて一日の始まりと終わりに感謝したものだ。しかしいまは子どもも遅くまで塾に通って夕陽どころではなく、朝はぎりぎりに起きるからやはり朝日どころではないのだろう。

大人も子どもも何かに追われ、大切なものを失っている。そう気づいたら、なにかむなしく淋しさがこみあげた。

人間なんて
自然のほんの一部
でしかないんだよ

心の欲するままに行動する

「心の欲するままに行動する」。これを実践しているのは、堀田力さんだ。

元東京地検特捜部検事でロッキード事件も担当、その後、退職して弁護士になられた。福祉問題にも積極的に関わられて「さわやか福祉財団」の理事長でもある。著作も多数だが、中には『中年よ、大志を抱こう！』（PHPエル新書）なんていうものもある。また最近では、税制調査会委員として歯に衣着せぬ発言をされている。

昭和9年生まれとはとても思えない活躍ぶり。私はかねがね、いったいどんな健康法を？　と思っていたのだが、それが「心の欲するままに行動する」だったというわけだ。

堀田さんいわく「身体を動かすのが嫌いなのに無理に動かさない。食べたくないものは食べない」。世に流布《るふ》する健康法とはほど遠い。でも私はこれを知って大きくうなずいた。健康というと身体機能だけを見がちだが、病院の数値には表れない心の健康を忘れてはならない。健康のためにとがまんして身体を動かし、おいしくもないものを食べたとしても、**心が貧しくしぼんでいたら、決して健康とはいえない。**

私は中性脂肪が多く、医師から甘いものは控えるようにと注意されて久しい。「若草」の栄養士も「朝のおまんじゅうはエネルギー、夜のケーキはデブの元」とうるさい。ある夕方、差し入れのおはぎに手を出してみつかった。「ダメですよ」と声がかかったが、私はあわてず「これは主食です。早めの夕食よ」と答えて食べた。「身体が甘いものを欲しているのよ」と言い訳もしたが、堀田式健康法で言えばマルである。

本当に「健康な人」とは、いつまでも意欲的に自分の望む人生に向かっていきいき進む人のことを言う。そのためには、よく動く身体だけでなく、柔軟な心も必要なのだ。

食べて飲んでなんでもあり！　の日をつくる

86ページで「メリハリのある生活を」と言ったが、それは規則正しい生活だけを指すのではない。ふだんきちんとした生活をしているなら、たまには「なんでもありの日」をつくる――これもまたメリハリだ。

毎日人のお世話をして神経をつかっている人は、**月に一度くらいは、はめをはずしたっていい**のだ。

おしゃべりが好きなら、夜更かしして語り明かしてみよう。お酒だって飲んでしまう。食べるのが好きなら、いつもよりちょっと予算の上限を上げて、レストランや寿司屋にいそいそと出かけよう。デパートの地下で思いっきり食べたいものを買い込んで、家でくつろぎながら腹十分以上食べてしまっても、この日はＯＫ。お風呂が好きなら、町の健康ランドに行って羽根をのばすのもいい。買い物ですっきりするなら、少々の衝動買いも自分に許可を出そう。

私はいまでも、ときどき「これって暴飲暴食よね」と思うような食べ方をするときがある。明らかにカロリーオーバー。身体に悪そうだ。でも罪悪感は持たない。「いろいろあるんだから、たまにはこれぐらいでいいのだ」と開き直って笑っている。

ストレスが強くなると視野が狭まり、ありのままの自分や現実が見えてこなくなる。そうなると、もめごとが起こっても解決しにくくなり、またストレスがたまる。そんな悪循環を招かないためにも、なんでもありの日をつくって自分を解放してあげよう。

解放のツケ

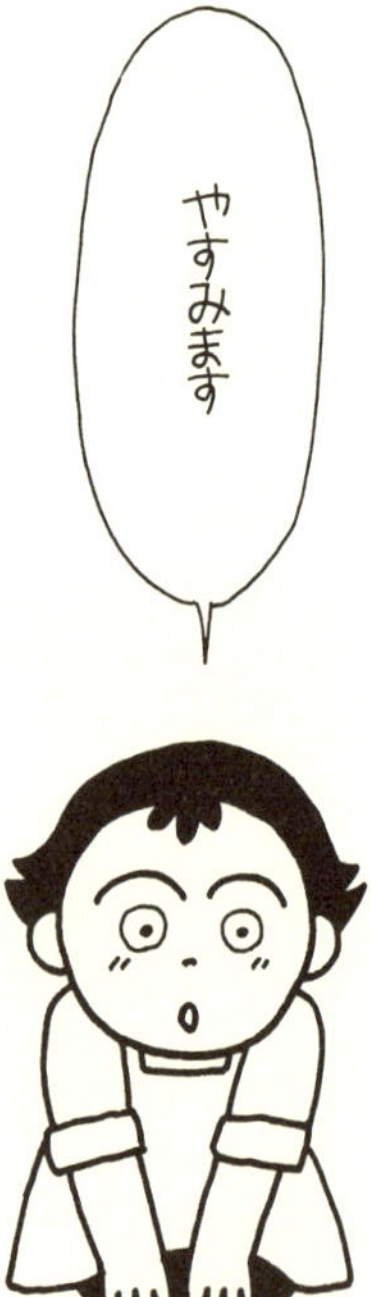
やすみます

ステップ3
知ればトクする暮らしのコツ

できる範囲で「介護記録」を

家でお年寄りの介護をしている人には「とにかく介護記録をつけること」と勧めている。これは私が口を酸っぱくしてアドバイスすることの筆頭格、しかしなかなか実践してもらえないことの横綱でもある。

昔どこかで「バイオリンを１００年弾いてもバイオリニストにはなれない。毎日日記を書いているからといって作家にはなれない」というフレーズを目にしたことがあるが、介護記録をつけるのは、もちろん文章技術の向上のためでも作家になるためでもない。日常の忙しさを承知のうえで、それでも書き留めてほしいと思う理由は３つある。そのうちの2つを紹介しよう。３つめは２０１ページを読んでほしい。

ひとつは、介護記録が**「精神安定剤」の役割を果たしてくれる**からだ。書くことはいたってシンプル。基本は、その日お世話をしている人に起こったこと、自分がしたことなどを記録するだけだ。書くことが苦にならない人は、自分の感想や想いを書き足せばよいいし、文字を書くのが大嫌いな人は、「おじいちゃん朝5時起床。朝ご飯はまだかと起こしにくる」というように、その日印象に残っている最低限のことだけでもいい。毎日がつらければ、まずは2、3日に一度でもいいだろう。

文章の量も内容も、自分が続けられる範囲で無理しないのがコツ。どんなことでも文字にすることで、つらさが半減していく。今日という一日をある程度振り返ることでメリハリがつく。それだけで、不思議とリフレッシュするものだ。

記録をつける2つめの理由は、**「泣き寝入りしない」ため**だ。とくに嫁の立場でお世話をした人は、お年寄りの最期をみとったあと、遺産には一切あずかれないケースがあとを断たない。お金がすべてとは思わないが、一人の人間の晩年をお世話したその本人へのねぎらいを、目に見える形で表現するのは自然なことだと思うし、考え得るかぎりの「形」を想定した場合、お金がもっとも順当なのではないだろうか。しかし放っておいたら、その最低限さえ無視されるという現実がある。それを防止するのに、介護記録が役立つのだ。

話し合いの場で雲行きがあやしいなと思ったら、後悔しないよう主張する。嫁の立場では言いにくいだろうから夫に代弁を頼む。そのとき「論より証拠」、この記録を見せれば説得力が断然ちがってくるのだ。「遺産相続に口約束は効力なし」と肝に銘じておこう。「私はそんなことを主張するつもりはない」という人でも、備えておくに越したことはない。そのときになって、やっぱり……と後悔する人は多いのだから。

あるいはまた、「うちはみんな仲良しだから、お金のことでもめることなどない」と言う人もいるだろう。しかし、親や配偶者の死で生じた遺産相続をめぐって、関係者の態度が豹変《ひょうへん》したり、「にわか親戚」が出現したりといったことは、世界中どこでも枚挙にいとまがない。

その人たちが特別に強欲なのではない。誰でもその当事者になりうるのだ。遺産相続は、人間の化けの皮がはがれるとき。思いもよらないことが起こる。

私の知り合いの行政書士は、仕事柄、数多くのお金に関わるトラブルを見てきた。その彼が「**わが子だけはだいじょうぶというのは大間違いです。いちばんトラブルになるのが家族です**」と断言した。

よく考えてみれば、遺産や介護のように、人生の大きな問題にこそ、家族や親族が絡んでいたりする。私たちは「世の中は世知辛いけれど、うちだけは絶対だいじょうぶ」と思うものだが、彼は、それこそが大きな落とし穴だと言う。

「どこかで大地震や大災害が起きても、なぜか『自分だけはだいじょうぶ』と、なんの科学的根拠もなく思ってしまう、あれと同じですよ」

そう言われて私も初めて気づいた。うちだけがだいじょうぶという根拠は、たしかにどこにもないのだ。

論より証拠

うちの主人は人格者でしたから誰の世話にもなってはいません
あら、でもお母さん
介護記録
1998年の6月3日、徘徊で保護されているわ。8月10日には桜ヶ丘で保護、私が引き受けに行ってるわ
ほら
10月5日と18日にも鈴原町で、それから……
ほら ほら
……

気分転換に「未来年表」

介護記録と並んで、もうひとつ私が強くお勧めしているものがある。それは「未来年表」だ。これから先、生きていれば確実に起こるであろう「できごと」を拾い出して年表をつくるのだ。

親の法事、銀婚式、卒業後何十周年かの節目の同窓会、子どもの結婚、孫の小学校入学、年金受給開始、保険金満期……など、つらつら書き出してみると、行事やお金のことなど、じつにいろいろあるものだ。

いつ起こるかはっきりしているものもあれば、「このあたりにこんなことがあるはず」という予定でしかないものもあるだろうが、かまうことはない、書き込む時点での想定のまま、どんどん年表を埋めてみよう。

どうしてこんなことを……と思われるかもしれない。実際この話をしたときに、「未来のことを考えたって、どうせ人生は、なるようにしかならないのよ」と言った知人もいる。

しかし、私はそうは思えない。たとえば家計簿をつけない人は「支出を記録したって、出るものは出るんだから意味がない」と言うが、実際に日々の支出入を記入すれば、残高の目安が立つ。すると、なんらかの対策が立てられるし、意識が変わってムダな支出だって抑えられる。

人生も、そういうものではないだろうか。未来年表で自分の今後を俯瞰《ふかん》の目で眺めれば、じゃあ、今日をこう生きようと、**一日24時間、一年365日の過ごし方を見直すようになる**。

また、**老後の過ごし方を考えるときにも役立つ**。19ページでも紹介したように、約8割の人は、「将来、子どもの面倒にはなりたくない」と考えている。私の実感では、介護経験者はとくに、自分がした苦労をわが子にはさせなくないと願う人が多い。

でもその願いを実現するためには、できるだけ自分の力で老後を生きていけるよう、それなりの準備がいる。そんなとき、未来年表をつくれば、いつからどういう準備をしておくべきかが見えてくる。

老後のあり方に関しては、一方で子どもに大いに期待している人が少なくないのも知っている。せっせと子に頼らない老後を模索する私に対して、「あなたは特別よ。みんながそんなに強くはなれないわよ」と言い切った人もいた。

「みな順番に年寄りをみてきたのだから、子どもを頼るのは自然な感情よ」と言うその人に、「あなたには当たり前の感情でも、子どもにとってはそれが当然とはかぎらないのよ」と返すと、「私はずーっといい姑をしてきたから、絶対に面倒をみてくれます」ときっぱり反論されてしまった。

現実を見ないで、自分の都合のいいようにしか考えない人は、何を言っても聞かない。「私はだいじょうぶ」と思い込むことで、将来の不安をかき消しているのだろう。私だって強くない。いや、強くないから、彼女のような不確かな安心では困るのだ。割り切って覚悟を決めて、それなりの準備をしておけば、子どもに冷たくされたとしても、ショックは軽傷ですむだろう。また反対に、予想以上にやさしくされたら「このうえない幸せ」に思えるだろう。

これまでに私は、「自立した老後を目指す」と言いつつ、風邪をひいた程度で、「見舞いにも来ない。電話もない。薄情だ」と嫁への恨み節を延々と開始する人々に出会ってきた。その人たちの意志が弱いなんて思わない。それほどに**人間は弱く、しゃんと自分で生きていくには覚悟と準備がいる**のだと思う。

口でただ言っているだけでは足りない。不意に動けなくなったとき、さてどうするか。何を頼んで何は自分でできるか――そういうところまで想像力をたくましくしないとうろたえるのが人間なのだ。

もちろん、そうしておいてもなお、人生は何が起こるかわからない。未来年表にはなかった健康面や金銭面での突然の不幸も起こりうる。明日はどうなるかわからない。だからこそ、備えをしっかりして「何があっても私はだいじょうぶ」と思いたい。未来年表を心の「つっかえ棒」にするのだ。少なくとも何も考えないまま老いて、「こんなはずじゃなかった」と嘆き落ち込む自分にはならずにすむと思う。さらに、未来年表を見て、「よし、私は交通事故にも、寝たきりにも、難病にも、認知症にも絶対ならない！」と自分に宣言し、前向きに生きるのが私の理想だ。

毎日細かい数字を追う家計簿は、なかなか続けられない。白状すれば、私も何度か試みて続かなかった「挫折組」だ。でも未来年表は継続を強いない。思い立ったときに書けばいい。途中でやめたってかまわない。そして気が向いたときに、書き足したり、修正したりすればいい。これならほんのすき間時間でできるだろう。

書式も一切気にすることはない。どんな紙に、どんなふうに書こうが自由。なんなら、広告の裏紙にだっていいのだ。書き出すこと、肝心なのはそれだけだ。私は、電車の中でふと思いついてメモしたことを、帰ってから書き足したりしている。

もし気の合う友人がいるなら、お茶を飲み、楽しくおしゃべりしながら一緒に書いてみるのもいいかもしれない。「ああ、それも書かなくちゃね」などと、気づいたことを教え合うことができる。

この年表自体は誰でも書けるもの。なのに私があえて介護をしている人に勧めるのは、日々お年寄りの世話に明け暮れている人ほど、自分を客観的な目で眺める機会がないからだ。冷静に自分を見る目がないときほど、何か得体の知れない不安やゆううつが大きく迫ってくるように感じてしまう。

「忙しいから試せない」ではなく、忙しいからこそ試してほしい。未来年表という言葉に、明日が輝く予感をいだきながら――。

未来年表
このあたりで結婚……かな
そうね
何？それ……
ちょっと、なんだよこれ～
長寿家未来年表
2008年 すなおリストラされ職安通い
2010 かいご小学校入学
2012 父13回忌法要
2015 すなお 年金受給開始
2018 ○○生命保険 満期
2020 のぞみウクレレ大会全国優勝
2022 かいご大学進学
家をリフォーム
のぞみウクレレ教室開講
のぞみウクレレ教室開講
これから起こりそうなことを書き出して、心の備えと将来設計に活用するのよ
で、僕がリストラなの？
備えあれば憂いなしよ

夢は口に出す！

お年寄りの介護をしている方は、そのお年寄りを眺めつつ、自分自身の老いについて考えるときがあるだろう。

けれどそのとき、「私ももう若くない」などと、先細りの考えはしないほうがいい。誰でも老いていくにはちがいないけれど、「老い」の訪れ方は人それぞれだからだ。

ある人は、「『自分は老人だ』と考えるようになったとき、人は老人になる」と言っていたが、私は**「夢」より「後悔」が先に立つようになったとき、人は老いる**のだと思っている。

夢や希望があるかぎり、その人の瞳は輝いている。「若草」のお年寄りを見ていても、輝く80代の方は、どんよりした目の60代の方より明らかに若々しい。お世話をしている50代の女性のほうが老けこんで見えることさえある。そうした姿をまのあたりにするたびに、「私の瞳はまだ輝いているか？」と自らを振り返っている。

夢も希望も、自分でつくるしかない。その第一歩として、どんなにささいなことでもいい、「こうしたい」と思うことを口に出してみてほしい。夢は口に出して初めて叶うもの。口に出せば、その夢がするすると自分に近づいてくるような気がする。

以前「踏みはずすことが青春」という言葉に出会ったことがある。もしそうなら、この際冗談のような壮大な夢を描くのもいい。ジョークに近いほど大きな夢を持つと、想像するだけで心が躍る。もちろん、実現したときのよろこびもそのぶん大きい。

ささやか(?)な願い

バタン
あ〜ん、もう疲れた
ゆっくり温泉にでも
つかりた〜〜い!
プリンセスホテルで
フランス料理を
食べてみた〜い
ゴロン
わかった、わかった
今度行こうよ
あなたと
じゃな〜い、
ヨン様と!
じたばた
……そう

「目に見える」趣味を持つ

定期的に「若草」を利用してくださるお年寄りの中には、魅力的な方もたくさんいらっしゃる。Gさんもそのお一人だ。

企業の重役を勤めたというだけあってなかなかの教養人。クリスマスソングやカンツォーネを原語で披露《ひろう》してくださったこともある。部屋におうかがいすると、パーキンソン病をわずらい身体の自由がきかないのに、必ずきちんと立ち上がって挨拶してくださる。

しかしGさんには認知症の症状も出て、妻のK子さんの苦労は並大抵ではない。その彼女が、入所の付き添いの際、ときどき大きなバッグを抱えてくる。「これから教室に行くんです」。バッグの中身は細密画。それを描く教室に通っているのだ。

打ち込めるものをひとつでも持っている人は、どこか輝きがちがう。時間がないから何もしない、ではなく、自分の時間がとれないような生活だからこそ、何かを始め、毎日を少しでも心浮き立つものにしたい。

K子さんも介護に時間を奪われ、教室を辞めようかと悩んだときもあったらしいが、事情を知った仲間が「絶対に来るのよ」と励ましてくれたという。「これがあるから私は介護ができるんです」。細密画は、集中して無心にならないと描けない、それがいいのだという。

無気力、無為、無関心の先にはろくなことがない。だから私は、**介護のために仕事を辞めるのにも反対**だ。

夢分析などでおなじみの心理学者・フロイトは、その晩年、人生に何が大切かと問われて「愛することと働くこと」と答えたそうだ。またある統計では、働いている人のほうが死亡率は低いという数字も出ている。

社会とのつながりを断って、自分の築いてきたキャリアを手放せば、時間は生まれるかもしれないが、もっと大事なものを失う。

一方、仕事をしていない人には、「何でもいいから趣味を持ってみたら？」と言っている。それも介護に明け暮れている人であればあるほど、強く勧める。

「でも、どんな趣味を持てばいいんでしょう?」と質問されたときは、「お年寄りの目に見える趣味がいいですね」とアドバイスしている。たとえば英会話などでは、具体的に何をしているかが、はた目からはわかりにくい。でも絵や書道、写真、手芸などなら、作品を見せることができる。

どうして「見える」ことが大事なのか。それは、趣味のことでお年寄りにヘルパーやデイサービスを利用してもらいたいとき、**ふだんからその趣味を見ておいてもらったほうが理解を得やすい**からだ。

でも、進んでやってみたいものがみつかったら、言うまでもなくそれがいちばんだ。「我を忘れて没頭できる」ものだったらもっといい。

集中すればするほど、日頃のすべての憂さから解き放たれる。グッと集中できれば、短時間で気分転換できるからだ。無心になれるものは、人によってまちまちだろう。でも探せば、誰でもひとつやふたつはあるものだ。

たとえば私の親友で、親の介護をしているF子さんは、アロマテラピーに凝っている。ハーブから抽出《ちゅうしゅつ》した精油は、いい匂いがするだけでなく、気持ちを鎮《しず》めたり、ストレスを解消したりといった効能もある（184ページ参照）。

彼女はそれらをいつも身近に置き、知識の吸収にも余念がない。精油の香りに包まれているときは疲れを忘れ、やわらかな表情になっているのが自分でもわかるという。

そういう姿を見るにつけ、つくづく思う。心に栄養を与えれば生命力が湧いてくる――と。逆に言えば、**心の栄養不足は寿命を縮める**のだ。

お疲れさん

お母さん、私来週ウクレレの発表会があるの
2時間ほど練習していいかしら
どうぞお好きなだけ
おらは死んじまっただぁ〜
ゴクッ
まあ、すごい選曲だこと！
Zzz……
てんごくさ行っただ〜

「幸運のカード」を手にする近道

人の運は天に任せるしかない。でも何もしないで任せるのではなく、何かして任せないと、神様のまく幸運のカードはつかめないようだ。

私のまわりには、それをよく知っている人が多い。たとえばある女性は、夫を老人ホームに預けて、1年間カナダに留学した。彼女はそのとき、なんと70歳だった。シヨートステイに母親を頼んでヘルパーの資格をとった女性もいる。

中には、「勝手にボランティア」を実践している人もいる。E子さんは、一万円分を千円札10枚にして持ち歩き、バスに乗ったとき細かいお金がなくて困っているお年寄りをみつけては両替してさしあげている。またI子さんは、ばんそうこうをいつもバッグにひそませ、誰かに何かがあったとき、さっと差し出している。人によろこばれ自分も楽しいボランティアの魅力を、こんなふうに暮らしに活かせたら素晴らしい。

私の場合は、主にささやかな寄付やカンパ。額は少なく気づいたら出す程度だが、これはなかなかいい。昔から「収入の一部は自分のため、一部は家族のため、一部は社会のため」という考え方に共鳴している。そのとおりに生きるのはむずかしいが、寄付やカンパによって、ちょっと理想に近づけるようで気分がいい。**「人のために役立っている。自分の行為が誰かのよろこびになる」と感じることができると、それが生きるエネルギーにもなる。**まさしく、「情けは人のためならず」である。誰かに注ぐことで自分も満たされるというのは、愛と同じ。「一部は自分のために、一部は家族のために、一部は社会のために……」は、収入だけでなく、愛にも通ずる。

また、被災地へ義援金を送ると、送らなかったときより復興の度合いが気になるし、運動団体にカンパすれば、その要求が通るかどうかを見守るようになる。結果として社会に対する目が広がるという効用もある。

誰かに注ぐことで
自分も満たされる

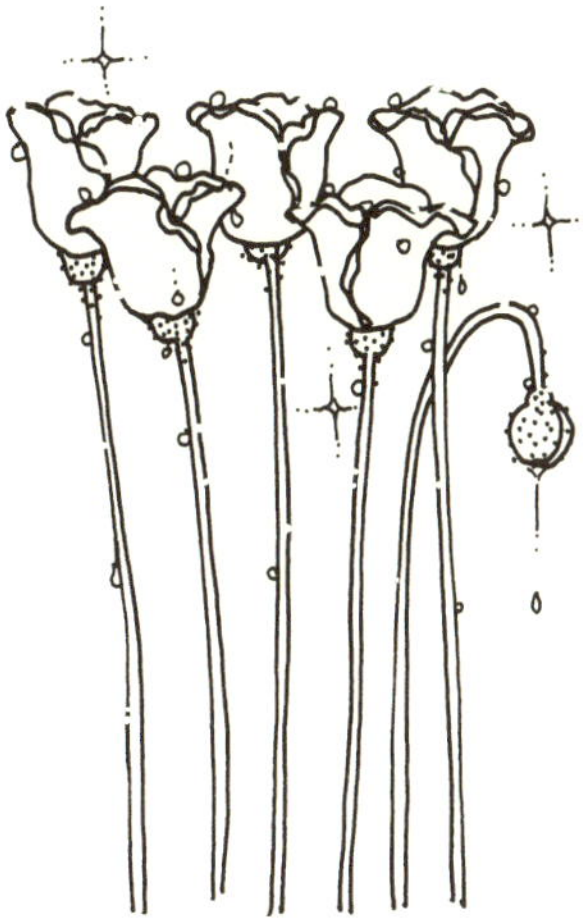

旅は介護者の必須アイテム

気分転換でいちばん確実なのは、断然旅だと思う。気分転換だけでなく、自分を見つめるいい機会にもなる。

人は、空間的にも精神的にも本能的に居心地のよい場所を目指すという。旅心も、空間の心地よさを求める人間の自然な感情だろう。まとまった時間がとれない介護者に対して「旅に出よう」というのは少々ためらわれるが、私の介護経験からも、これはぜひお勧めしておきたいのだ。

当時の私も、ふつうに考えれば旅に出るひまなどなかった。でも数は少ないながらも旅行はした。その度に、土地の風を感じ「ああ来てよかった」と思ったものだ。

なぜ旅ができたかを振り返ってみると、つまるところ「行く!」というその決意だけだったような気がする。たとえば仕事でも、とうてい無理と思われるスケジュールなのに、どうしてもやらなければならないときはできたりする。**時間というのは、自分でつくろうという意志さえあれば、予想以上につくれる**ものなのだ。

日頃からアンテナを張って、ピピッと何かを感じる場所があったらチェックをしておく。そして、すぐには無理でも必ず行こう！　と決意して、そのための行動に移す。その間のお年寄りの面倒も、家族の同意も、あなたの思いが強ければきっとなんとかなる。

時間はなんとかなってもお金がない？　そういう人には、私のお気に入りの造語を。

「お金は天下のまわりもの。ヘソクリは自分のために使うもの」

環境が変わるだけで
心は解き放たれる
行ってきま〜す

「見た目」変えれば心も変わる⁉

「外見は中身がつくる」と言うのにウソはないが、逆もまた真なりである。ふだんはがさつな人だって、着物を着ると「おほほ」となる。これを私は**「内外逆転の法則」として、気分転換に応用している。**

不思議なもので、首まわりの伸びたTシャツを着ていると、気持ちまでよれよれになってくる。家の中でもオシャレをしろと言うつもりはない。でも明るい色ひとつで気分まで軽くなるときがある。ひどい格好をしていたとき、宅急便が届いてスワ大変と、近くにあったスカーフを胸に、腰にエプロンを巻いて出たら、配達の人に「奥さん、一足先に春ですね」と誉められたことがある。それだけでうれしくなり、その日は義母の小言もあまり気にならなかった。

ときには、お芝居やコンサートなど、ちょっとおめかしをせざるを得ないところにでかけるのもいい。たまのことなのだから、シンデレラよろしく「ステキな私」を演じてみたい。背筋がすっと伸びて、目の輝きがますこと請け合いだ。

金髪事件
ちょっと臭いけど我慢してね
ペタ
ペタ
ちょっと、これ金髪よ!!
とってもよく似合うわ
——その後——
ほう、金髪とはしゃれてますな
違いますの、嫁が孫の毛染めと間違えたらしくて
い～え、その方がずっとお似合いよ
おしゃべりしたら喉が渇いちゃったわ
日常のほんの小さな変化が心をずいぶん軽くしてくれる
ちょうどお茶が入ったところよ
るん
るん
おふくろ結構喜んでんじゃん
ね

気分が一転する「色」をみつける

見た目を変えるとき、真っ先に気をつけたいのはやはり色。**似合う色は、きれいに見えるだけでなく、その人の個性や長所を際立たせる**という。そればかりか血色もよくなるというから驚く。「色もはさみも使いよう」だ。

年寄りくさい40歳より、若々しい70歳のほうが美しい。もう若くないからなんて言うのはなし。お金も時間もかけることはない。そのぶん、ちょっと頭を使って変身してみよう。

認知症の夫の世話で半ばノイローゼ気味だった女性に挨拶をしたとき、何気なく「明るい色のお洋服を着ると、心も明るくなりますよ」と言ったことがある。彼女はまじまじと私のワインレッドのスーツを見ていたが、しばらくして、ピンクのブラウスを着て髪にメッシュを入れて現れた。別人のように明るくなっていて、うれしくて涙が出そうになった。

自分に似合う色がよくわからなかったら、適当な店に入って、買わなくていいから色のちがう服を何着か試着してみるのも手。似合う色はわかったけれど一着も持っていないというなら、コサージュやスカーフなど小物にその色を。服を買うより安上がりだ。口紅ひとつでも印象が変わる。これなら店先で何色でも試せてなお簡単。

ついでに、「Zの法則」も覚えておこう。**左上に赤を持ってくると、見る人の視線がアルファベットのZのように動き、シルエット全体がひきしまる**という。

胸に赤いバラのコサージュ、いいじゃないですか。

井戸端会議のススメ

ある方が、中高年の女性を評して「少々の軽薄さ。いじわるさ。くるくる意見を変える柔軟さ。流行に対する敏感さ。いくつになっても、どこかの国の俳優に黄色い声をあげるお気軽さ……」とユーモアあふれる名文を書いていた。まるで私そっくりである。

女性のこの「いい加減さ」は、生きる強さでもあるだろう。落ち込むことなどでてんでない、あっけらかんとしたセンスは、一種の生活の知恵である。

それを最も手軽に学べる絶好の場が、いわゆる「井戸端会議」だ。

井戸端会議というと、時間のムダづかいの象徴のように見られているが、どっこいあなどれない。そこで人に会い、心と心を触れ合わせることの意味は大きい。

ある講演でのこと。壇上に立ったその人の話の大半は忘れてしまったのに、「男性は組織人間で、会社においても次々に仕事をしていかないと不安になる傾向がある」という言葉だけが印象に残った。

2005年現在、日本全国で年間の自殺者は約3万5000人、そのうちの2万5000人が男性。リストラや退職で存在意義を見失い自殺へ向かう例も、男性のほうが圧倒的に多いという。

この数字と先の講演者の話とは、どこかでつながっているような気がする。男性はグチを言うのが下手である。言えば男がすたるという意識もあるのだろうか。すべてを内に抱え込み、自らを追い込んで自殺という結末を迎えているように見える。

でも女性の場合は、少々事情がちがう。自らの命を絶つほど追いつめられる前に、自分を操縦できるのではないだろうか。井戸端会議は、その操縦の役割を担っていると思う。

私たちが幼いころは、名実ともに井戸を囲む井戸端会議だった。その後、会議の場は誰かの家に移り、ご近所さんが寄り合って、茶ぶ台を囲んでおしゃべりに花を咲かせた。かたわらには学校から帰った子どももいて、耳学問に励んだりした。

いまでは、家庭内でそんなゆるやかな時が流れることはなくなったが、ご近所さんや友人たちとの雑談の場は、ゴミ捨て場、町内会、PTAなど街のあちこちに健在だ。

そこで繰り広げられる会話は、たしかに一見くだらないことばかりだ。中には「うちの息子が成績優秀で表彰されたのよ」「主人が部長に昇進してね」なんていう自慢話もあるだろう。あまり激しいと聞く側はうんざりしたりする。

でも、「会議」は自慢話だけではない。

「うちのだんなったら毎日遅くに酔っぱらって帰ってきて、家のことなんかちーっとも考えてくれないのよ」「うちのおじいちゃんったら、ふだんは何もしないで指図ばかりするのに、よその人が来ると急にしゃんとしてきびきび動いたりして都合がいいんだから」といった盛大な「グチ大会」も繰り広げられるはずだ。グチも一方的に聞くばかりではつらいだろうが、言い合いならばお互いさまだ。そのうち誰かが「ああ、うちもそうだったわ。そういうときは……」などと、経験談を語りはじめたりする。

じつはこの「グチ大会」にこそ、生活の知恵や解決策がたくさん詰まっているのだ。グチった人は、他の人の経験を聞くことで、「そうか、その手があったか」といいアイデアを授かったりする。たとえ具体策が飛び出さなくても、「まあ、お宅もそんなふうだったなんて全然知らなかったわ」と、自分だけではないことにほっとして、気が軽くなったりする。そんなこんなで、**たった数分の会話でさえ、「それではまた」と別れたあとの人々は、それまでより晴れ晴れした顔になっている。**

これを生活の知恵と言わずしてなんと言おう。とくに介護をしている人は、まとまった気分転換の時間をとりにくいのだから、くだらないなんて言わずにせっせと参加してほしい。

井戸端重役会議

あんた、ええもん持ってるやんか ちょっと見して
勝手に触らんといてんか！
うわっ！ごっつええわ これなんぼ？ どこで買うたん
ええやろ〜 いちきゅっぱで おまつ堂に ぎょーさん積んだあるわ
タコ焼きは やっぱり 三和通りの 〇〇屋やで
あっこのは タコがまた でかいわァ
あんたら 知らんやろけど あっこの出汁は セミらしいで
うそや〜 うち、何回も 食べてるで
そやかて、まだ 生きてんねん ええんちゃうん
のりば
奥さん、うるそうて ごめんな アメちゃん どない？
は、はぁ
確かに…… 大阪のおばちゃんたちは皆 晴ればれした顔をしてる

外出できなくても、話し相手はみつかる

家の中に閉じこもっていては、心は決して晴れない。ほんのすき間時間でもいい、外の世界とつながることで介護者は救われるのだ。

とはいえ、お年寄りの状況によっては、その時間さえ確保できない人もいるだろう。気持ちがふさいでいて、外に出る気になれないときもあるだろう。

そんなときは、出かけるのではなく、**逆に誰かを呼べばいい。部屋がぐちゃぐちゃでもだいじょうぶ**。「こそドロ」のマンガにあるような大風呂敷に、テーブルや床に散らばっているものを一気に包む。あとはそれを見えないところに置くだけ。数分で完了だ。ていねいに引き出しに入れることはない。あとでどこにしまったかわからなくなるだけだ。相手も、「家に呼んでくれた」とたいていよろこんでくれる。それに手みやげでお茶菓子やお総菜などを持ってきてくれるのも、正直なところ助かる。さらに、飾らない現実をふだんから見ておいてもらえば、何かあったとき家に来てもらうといったことも頼みやすくなる。ここまできたら大成功だ。私はこれを「大風呂敷

の術」と呼ぶ。

それも無理なら電話がある。相手の「そうなの？」「あら、なんてこと！」という相づちは、想像以上に大きな精神安定剤の役割を果たしてくれる。あなたの状況をわかってくれている気心の知れた人が、ひとりやふたりはいるだろう。長く外に出られないときは、5分でいいから、ちょっと電話をしてみよう。もし誰もいないなら、電話相談でもいい。もちろん電子メールでも。

手段は問わない。とにかく誰かと会話をする——それは、確実にあなたの一日を変えるはずだ。

だから明日も頑張れる……
ありがとう
話を聞いて
くれて……

グチるときは相手を選ぶ

「口は災いの元」ということわざがあるが、私は**「口は福の元」**だと思っている。発信しなければ誰も受信できない。訴えなければ何も得られないのだ。それがグチでもかまわない。

人にグチるなんてはしたないと思う人もいるだろうが、私は施設にいらっしゃる何人もの介護者のグチを聞いていて、そんなふうに感じたことは一度もない。

グチっている人は、みな本心でしゃべっている。だからみんないきいきしている。心の底から飛び出す本音で、相手の心に響く言葉を無意識のうちに発している。

ただしグチを言うときには、ひとつだけ条件がある。それは、共感してもらえそうな人を選んで話すということだ。**「夫のグチは女性に」「老人のグチは若い人に」「介護のグチは介護者に」。そして「親戚より他人に」**と覚えておこう。

親戚は、親しくて信頼できると思っていた人でも、うっかり話したら最後、あっという間に話に尾ひれがつく。針小棒大になって親戚中の知るところとなり、自分にはね返ってきたりするのでご用心。ある日突然、思わぬ親戚から「あなた、こんなこと言っていたんだって？」と言われてギョッとしたという話は、日常茶飯事だ。

万が一、あなたがそんな場面に出くわしたら、本当でも絶対うなずかないこと。「いいえ、そんなこと言っていません。何かの間違いでは？」とシラを切るのが正解。この場合のウソは、生きる知恵と割り切る。神様もお許しくださるはずだ。

いいんだよ、ぐちったって
○×△☆□!!
ぐち箱
あーースッとした
ぐち箱

まず一通、手紙を書いてみる

外とのコミュニケーションといえば、手紙の存在も忘れてはならない。「介護に追われて時間がないときに、悠長《ゆうちょう》に手紙なんか書いていられない」という声が聞こえそうだが、簡単なハガキなら、ものの10分で書けてしまう。要は、「あの人に書いてみよう」と思うかどうかだけだ。

介護をしている人に、あえて手紙を書くことをお勧めするのは、**書くことで頭が整理され、気持ちが落ち着いてくる**から。そしてもうひとつは、手紙は**自分の考えだけでなく、親しみやぬくもりをも伝える「愛の万能薬」**だと思っているからだ。たった10行ほどのハガキでも、ポストにそれを見つけたときのよろこび。封筒やハガキの感触とともに伝わってくるぬくもりは、他では得られない。

もしかしたら、「愛がほしいのは私のほう。他人にふりまく余裕はない」と思う人がいるかもしれない。でも、あてもなく、ぬくもりのある手紙を待つより、自分で出したほうが、返事という形で自分宛の手紙をポストに発見する確率は断然高くなる。

それにたとえ返事が来なくても、愛は「一方通行」ではない。相手に注ぐことで、自分をも満たす不思議な力を持っている。相手のことを思い、その思いを言葉に紡ぐうちに、ささくれだった日常では陰をひそめていた、自分の中の「誰かに愛を与える気持ち」が湧いてくる。「ああ、私にもこんな感情がある」。そんなとき人は、自分をいとおしく感じ、まだだいじょうぶだと思えるのだ。

暗号

のぞみ、ゆかりさんから手紙が来てるよ
やったあ
な、何？これ！
ゆかりさんってシャイな人なのよ
だから手紙はいつも漢文なの
我希望君健康好。
御家族一同最近如何？
我義父昨年来悩腰痛、
毎日毎日通病院半年。
我疲労困憊、援助不来。

「プラス人間」を探す

人との交わりを楽しく感じ、どんどん好きな人を増やしていくには、ちょっとしたコツがある。それは「近づくならプラス思考の人に」である。

とくに相談ごとは、マイナス思考の人にしないほうがよい。重箱の隅をつつくようにマイナスを探し出す人というのは、残念ながらあちこちにいる。もし話しはじめてから、相手が「マイナス人間」だったと気づいたら、その人の悲観的観測やうがった見解は、はなから聞き流すことだ。**話す相手を間違うと、せっかくのやる気がぺしゃんこになる。成功することもつぶされる。**

この世には二種類の人間がいる。グラスに半分入ったワインを見て、「もう半分しかない」と思う人間と「まだ半分もある」と思う人間。ご存じ「グラスに入ったワインの話」だ。

なにごとも後者のように発想できる人と接すると救われる。たとえばお年寄りの世話に嫌気がさしたと言ったとき、「ホントにやってられないわよね」と盛大に共感してくれ、さらに「でもお義母さんに苦労させられたおかげで、兄嫁さんの気持ちがわかってよかったわね」とか、「介護のつらさがわかったおかげで、息子の嫁にもたれないよう、いまから準備できるなんてラッキーよ」などと言ってくれたら、むなしさの中にも希望が湧く。

プラス思考の人は、まわりの人に希望を与える。また彼らは、人の決定を否定しないことが多い。

私は4年ほど前に、下腹部に腫瘍《しゅよう》がみつかった。主治医とセカンド、サード、フォースオピニオンの医師、計4名はそろって当然のように手術を勧めた。私もいったんは手術の決断をしたが、結局、切らない選択をした。

自分の命なんだから自分の納得いく選択をしたい。そのとき私は、長生きするだけが能じゃないと思った。手術して腫瘍がなくなっても、後遺症に悩まされてしたいことができないのはごめんだ。いまの気力をぎりぎりまで延ばしたい。それで万が一ダメなときは、いさぎよく死を引き受けようと決心した。

しかしこの国では、医者の言葉は神のご託宣《たくせん》のごとき強権を持っている。医者に逆らって手術をしないことにした私は、まわりから見ると自ら死を選択したも同然で、「死なないで！」と言う人が何人も現れた。身内からは「かねがねバカ者と思っていたが、これほどとは思わなかった」と叱責《しっせき》された。誰もが、医者に背けば死ぬと思い込んでいるのだ。

私のことを心配してくれているのはよくわかった。ありがたいとも思った。でも正直に言えば、こうした反応は重苦しくてならなかった。うっとうしくてたまらなかった。「そうじゃないんです。私は死ぬまで元気でいたいから……」と一人ひとりに説明することにも、疲れ果てていた。

しかし、ある友人のナースの反応はちがった。私の判断を聞いた彼女は、開口一番こう言った。「とてもいいことだと思うわ」。

彼女は、手術しないのがいいと言っているのではない。手術しようがすまいが、自分の身の振り方を自分で考え抜いて、最後に導いた結論ならそれがベストだと言うのだ。そして、「でも、途中で考えを変えたいと思ったら勇気を出して変えていいのよ。そのとき何かできることがあったら言ってね」と言い添えたのだった。

このときの彼女に対する感謝の気持ちは、決して忘れることはないだろう。自分自身のためにも、他の人のためにも、彼女のようなプラス思考の人でありたいと心から思う。

あなたのまわりにも、こんな「プラス人間」がきっといるはずだ。やる気と情熱、それにちょっぴりのファンタジーをふりかけて、さあ外の広い世界へ向かってゴー！

あなたが＋《プラス》であるだけで
まわりに希望が降り注ぐ

人づきあいが苦手な人へ贈る言葉

人生においていちばんわずらわしく面倒なのが人間関係だとしたら、いちばん感動し力を与えられるのもまた人間関係である。

人と触れ合うことの楽しさ、素晴らしさ。人とのかかわりの中で得る共感、心のぬくもり……それに匹敵するほどの深い感動を探すのはむずかしい。

人生は、よくも悪くも人との出会い、めぐり合いによって編まれていく。介護の場では、お年寄りや身内とのトラブルも多く、人間不信に陥ってしまうこともままあるが、どうか何があっても心だけは閉ざさないでほしい。あなた自身のために。できるだけいろんな人を受け入れて、それを自分のエネルギーにしてほしい。

もともと人づきあいが苦手な人は、無理に社交家になることはない。でも数人でいい、この人になら心を許せるという人をみつけてみよう。それだけで、まったくちがう毎日になるはずだ。そして少し慣れてきたら、もう一人増やす。ゆっくり、無理のない自分なりのペースで、自分の心に風穴を開けていくのだ。

母を亡くして以来、病の床にいる母にやさしくしなかったという自責の念に悩まされていたW子さんは、施設のお年寄りにお茶の接待をするボランティアを始めた。月1回だけだったが、お年寄りのよろこぶ姿や笑顔が母とだぶって、気づいたら心が軽くなっていたという。ボランティア仲間も信頼できる人だとわかったW子さんは、「人生って本当に人との出会い、めぐり合いなんですね」と、しみじみ話してくれた。

人は人とかかわらなければ生きていけない。**人のぬくもりなくして、美しい風景はない**のだ。

ステップ4
身内・ご近所との賢い接し方

夫は必ず味方にする

これを読んでくださっている方が既婚女性なら、ひとつお尋ねしたい。「あなたの夫は介護に関してあなたの味方ですか？」。もしそうでないなら、いますぐ味方につける策を練ってほしい。

社会における男女共同参画は対話から――というが、これは家庭という最小単位の社会でもまったく同じ。**夫が介護に何一つ協力してくれないのなら、あきらめるのでも待つのでもなく、あなたのほうから望むことを伝えて話し合う**ことだ。

「週に一度はおじいちゃんをお風呂に入れてほしい」とか「会社が休みの週末だけでも、おばあちゃんの散歩に付き添ってほしい」といった具体的な協力依頼でもいいし、「あなたが仕事で忙しいのはわかります。でもせめて私の苦労話くらい聞いて」といった精神的なフォローを求めるのでもいいだろう。

とにかく**「夫は私の味方だ」と思えるかどうかで、介護のしんどさは何百倍も変わる**といっても過言ではない。ある人は、「夫はワンマン。私はガマン」と言っていたが、

「あの人に何を言ってもムダ」などと投げ出さずに、ここはぜひともふんばってほしい。

中高年男性の家庭に対する価値観は、旧来のまま不変なのが大前提だ。妙な期待をせず、まずそう悟ってからとりかかれば、かえって言いたいことが言えるのではないだろうか。

私の知人に、子どもが小学校を出るまで、高校を卒業するまで、大学に入るまで、就職するまで……と、家庭を持って以来、がまんにがまんを重ねてきた苦労人がいる。その方がようやく亭主を見送って未亡人となったとき、「あの世で離婚したいわ」と言った。その一言に、彼女の人生のすべてが語られている。

しかし私はそこまで辛抱できない。それにどんな願いでも、あの世ではなく、この世で叶えたい。この世で夫に面と向かって訴えたい。

もし話し合って少しも進展がなかったら、次は実力行使だ。

家出をしたり、仮病を使ったりして、あなたがいなければ、お年寄りの面倒を誰がみるのか、あなたの存在がいかに大事かを実際にわかってもらうのだ。

かつて私の夫は、たびたび家出する私のことを「革命好きだな」と言ったことがある。その言葉の裏には、苦々しさが込められていた。

そのうち敵も学習し、どういうときに家出するかわかってきたようだった。ある日、財布だけ持って家を出ようとしたら「財布は持っていくな。夜道でとられると困るから」と言われてしまった。

しかし、学習したのは夫だけではなかった。気丈な義母と非協力の典型のような夫によって、私もまた大いにきたえられた。人事を尽くして天命を待つ。やることをやったら、あとは野となれ山となれという開き直りも出てきた。

皮肉を言われようが家出も続け、話し合いを重ねるごとに知恵をつけた。衝突して決裂といった正面突破ではなく、やんわりと、でも自分の主張は通す話し方も身につけていったと思う。

結果として、夫の態度も変わってきた。義母の晩年には、私へのねぎらいの言葉も度々口に出すようになった。家事などの協力はなかったが、少なくとも「夫は味方である」とは思えるようになったのだった。

夫は味方だ！
のぞみさ～ん、お茶ちょうだい
はい お茶
あら すなお、のぞみさんは？
足をねんざしたらしいんだ
ごめんね、一週間ほど用心するわ
大丈夫？
今日、髪を洗ってほしかったんだけど……
髪くらい僕が洗ってあげるよ
きゃ～～っ
熱いっ！
ごめん ごめん
泡が耳と鼻に入るわ！
もういいわ、自分でやるから
悪かったよ お母さん
はぁ はぁ
くすっ
ポリッ
私の大切さを思い知ったか！
ケガはウソ

「家庭内介護保険」にいますぐ加入

前項と反対に、いまこれをお読みになっている方が既婚男性なら、ひとつお尋ねしたい。「家庭内介護保険への加入はもうおすみですか?」。まだならいますぐご加入を。

58ページで「介護は役得」という言葉を紹介したが、身近で介護の現場を見ている男性は、いち早く加入の必要性に気づくことができるという特典がある。

ご存じない方のために、ここで保険内容を紹介しておこう。「家庭内介護保険」の加入資格があるのは、夫の身であるすべての男性。**保険料は、妻への心のこもった言葉**。積み立ての結果支払われるのは、お金ではなく老後のお世話である。

「妻への心のこもった言葉」とは、たとえば何かをしてもらったら、ちゃんと「ありがとう」と口に出すといったこと。「感謝しているよ」「愛しているよ」なんていうのもある。

「そんなこと言わなくても、あいつはわかってくれている」とか「照れくさくて、いまさらそんな歯の浮いたようなことは言えない」などという人もいそうだが、ちょっと待った！　男性は女性より平均寿命が8年ほど短い。おまけに妻のほうが年下であることも多い。つまり、**どう考えても夫のほうが、将来妻の世話になる確率が高い**ということを忘れてはいないか。そのときになって「しっぺ返し」をされても、もう遅い。何人もの実例をこの目で見ている私のアドバイスだ。間違いない。

どんなしっぺ返しかって？　それはここではとても言えません。

今月分の
保険料だよ
ありがとう
はい、
領収印ね
もみ
もみ

男のプライドとはプライドを捨てること

「夫が少しも介護に協力してくれない」という声は、いまも昔もあまり変わりない。仕事だけでへとへと、家のことまで分担できない――という人もいるだろう。しかし、せめて妻の気持ちに寄り添うことはできないものかと思う。

たとえば、聞き役に徹するだけでも、妻の介護ストレスはずいぶんやわらぐはずだ。さらにそれができたら、ぜひこまめに「いつもご苦労さん」とか「よくやっているね」などという誉め言葉をかけてほしい。**誉めることとは認めること。妻の存在と苦労をいつでもきちんと認めてほしい**と思う。

間違っても、「それくらいがまんしろ」「女はみんなやってきたんだ」は禁句。そんなことを言っても、事態は後退するばかりだろう。夫に求められるのは、ねぎらいの一言。ここを押さえておくことが何より大切である。

また、親戚が妻の介護の苦労を軽く見ているようなら、率先して妻の側に立った言動をしてほしい。悲しいことに、自分の親戚が来ると、妻をねぎらうどころか、やたらにいばりだす夫がいる。人前でいばるのが偉いと勘ちがいしている男性がまだいるのだ。しかしいばる男性は、見る人が見ればあわれに映るだけである。「男のプライドとはプライドを捨てること」というのがわかっていない。

本当に強い男性は、誰に対しても虚勢《きょせい》を張る必要がない。だから鷹揚《おうよう》に構えている。介護という重荷を背負っている妻が求めているのは、そんな男性の存在なのだ。

はずかしいプライド

女は度胸、男は愛嬌

これまで慣れ親しんできたやり方を変えるのはむずかしい。歳を重ねるほどに。夫婦の関係も例外ではない。お年寄りを介護している妻を見て、「もっとあいつをいたわらなきゃな」と思ったとしても、長年、思いやりの気持ちを形で示すなんてしてこなかった人は、何からどう手をつければいいのかわからないだろう。

そういうときは、具体的に何をするかを考える前に、まずは割り切って、**妻ではなく「自分のため」に変わっていこうと思うことが成功への近道**だと思う。一定の年月を生きてきたここらで、男、いや人として1ランクアップすべく自分磨きを開始するのだ――と。人間誰だって、結局は自分のために動くときがいちばんパワーを発揮できるもの。それでいいのだ。

さて、そう腹をくくったら、さっそく行動開始である。せっかくだから理想は高く。私のメモ帳には、新聞のコラムでみつけた「紳士の条件」なるものがしっかり記されている。

①フェアプレーの精神　②弱者に対するやさしさ　③差別的言動をしないこと

さらに、メモには次のようにある。「これらは、紳士の条件であると同時に、自分の品格を守るための規範であり、自分の尊厳を守る保身術でもある」。

「男は度胸、女は愛嬌」と言われるが、これからの時代は、「女は度胸、男は愛嬌」。男こそ「やさしく美しく」。この高い志を常に胸に抱いていれば、結果として必ず妻も救われる。そしてあなたの老後は安泰《あんたい》となるだろう。

男性の介護者に伝授する2つの知恵

妻や親などを介護している男性は約90万人とか。この方たちは、女性の介護者とは少しちがった点で苦労を抱えている場合が多い。

以前、NHKテレビの「ご近所の底力」という番組で、男性による介護の特集をしていた。番組に集った方々のアンケートによると、困っていることのベスト3は、①家事ができない　②近所の人に相談できない　③弱音を吐けない。気が晴れない――とのことだった。

どれも、介護特有のものというより、それ以前の日常生活レベルの困りごとである。番組では、解決法として男の料理教室に通うことを提案していた。なるほどな、と思った。教室に通えば、料理を覚えられるだけでなく、人との交流ができる。気晴らしにもなる。グチを言える友もできるかもしれない。

しかし中には、お金を出したくない人や定期的な外出がままならない人、あるいは人見知りが強くて集団活動が苦手な人などもいるのではないだろうか。

そういう人にはぜひ、自分の市区町村が出している広報をチェックしてもらいたい。そして**「介護者のつどい」**や**「介護者のための教室」にでかける**ことをお勧めしたい。

私は、そうした会に頻繁《ひんぱん》に呼ばれて話をしているが、参加者のほとんどは女性、男性はわずかである。しかしその比率は年々少しずつ増えているように見える。またその数少ない男性参加者たちは、女性と同様、すっきりした表情で会場を後にされることが多い。

行政が主宰する単発の会なら、参加費用は無料もしくは数百円というのがほとんど。時間の捻出《ねんしゅつ》も、当日の数時間だけなら無理な話ではないだろう。

人づきあいが苦手な人も、1回きりしか会わない他人となら、かえってさばさばと話ができるという利点がある。

もちろん、介護にまつわる会だから話の中身も役に立つ。

もし、そこではずみがついたら次回も参加すればいいし、気の合いそうな人がいたら、連絡先を教え合えばいい。逆に万が一、大した収穫がなければ、それっきりで終わらせればいいだけのこと。ソンをすることはほとんどないのに、得しそうなことは盛りだくさん、というわけだ。

もうひとつのお勧めは、**デイサービスやショートステイをできるだけたくさん利用すること**。介護の疲れを癒すためだけでなく、男性にとっては、ここが**格好の家事&介護学習の場**ともなるからだ。

ショートステイの場合、送り迎えの際に施設を訪れると、当然のことながら同じような介護者と出会う。気の合う職員とは世間話もする。ここでは一種の連帯感が生まれるから、内気な人でも気軽に会話ができるのだ。

また、施設には必ず何人か「これぞ介護のプロ」というような人がいる。こうした人たちには、ただの挨拶や事務手続きだけで終わらせず、ちょっとしたことを何でも聞くようにしよう。あれもこれもと悩んでいたことが、聞いてみればあっさり解決できたりすることも少なくないはずだ。

私も男性介護者から相談を受けることがあるが、わからないことを率直に尋ねてくださる方には、応援したい心も加わって、つい親身になって、あれやこれやと知恵を授けている。

似た者仲間
なかなかいい手つきですねぇご主人
慣れてますからね、妻に捨てられてもう3年です・娘はもう嫁いでしまってるしね、仕方なく自炊してんですよ
そうでしたか
お宅も離婚ですか？
い、いえうちは……
家内が来月韓国へ遊びに行くんですよ。その間の食事をまかされましてね
トン
トン
トン
トン
そんなに小さく刻むんですか
ええ、うちは高齢の母がいますので
うちもなんですよおいくつで？
80才です
うちは父が2年寝たきりなんですよ
私こういう者ですが、お宅じゃ風呂はどうなさってますか？

「長老」を手なずけよう

介護の悩みといえば、口は出すけど手は出さない親戚連中のうっとうしさは、はずせない。なんとか理解を得て、全員に「花マル」をもらおうと健気にがんばる人も少なくないが、それでは身がもたない。親戚と一口に言っても、何人もいる。性格も立場もちがうすべての人とうまくやろうなんてどだい無理。そんな非現実的な努力より、一人の心をつかまえるほうが大事だと気づくことだ。

その一人とは「大年寄り」。小姑をはじめとした親戚との関係をスムーズにするには、「大年寄りを手なずける」につきる。親戚の顔をずらっと思い浮かべてほしい。必ず一人はいるはずだ。**親族のつながりのキモを握っている、元締めのような大年寄り**が。「手なずける」と言うと聞こえが悪いが、要するに「味方にする」ということだ。

味方になってもらうには、それなりの努力も必要だ。ベタベタすり寄る必要はない。「季節ごとにハガキや手紙を出す」「旅行に行ったら、ちょっとおみやげを渡す」など、折にふれ温かく気づかうこと。そしてまた、常に尊敬の念を込めること。実際、長く生きている人は、大なり小なり私たちにはない優れた知恵を持っているものである。

こうした前提のうえで、お互いの良好な関係が築けたら、「あなたが頼りです」と率直に言えばよい。ときには悩みを少し相談してみてもいい。相手の心を開いてもらうには、こちらの心を開くことも不可欠だから。いずれにせよ、**頼りにされれば、よろこびこそすれ、いやがるお年寄りはいない**ものである。

長老のひと声

小姑を黙らせる必殺ワザ

親が子へ、上司が部下へなど、一方がもう一方に干渉しすぎると、人間関係には不幸が訪れる。干渉しすぎることを、俗に「おせっかい」という。そして介護者にとってこの言葉は、小姑を連想させる。

たとえば、ちょっとでもこちらが悩みを口に出そうものなら、「家を継ぐ長男の嫁なんだから、介護するのは当たり前でしょ」「まさか施設に入れたりしないでしょうね」……などと言いたい放題、攻撃してくる。たまに遊びに来れば、お年寄りの言葉だけを真に受けて「おばあちゃんが、あなたのこと冷たいってぼやいてたわよ」と忠告に励みもする。責任を押しつけていることの申し訳なさなどこれっぽっちもないままに――。小姑とは、誠に底知れない怪物である。

その怪物の干渉にあうと、多くの嫁は当然ムッとしてカッとはするが、表に出せないまま、「申し訳ありません」などと頭を下げたりする。しかしこの怪物、相手が弱いと見るや、よけいに攻撃することもある。だから**一度や二度ならまだしも、何度も**

干渉が続くようなら、「返す刀でバッサリ！」の勇気も必要である。

私の友人のJ子は、とてもおとなしくておだやかな性格だ。しかし小姑があまりに嫌みばかり言うので、ある日とうとう堪忍袋の緒が切れて、「お義姉さんには、私が倒れたとき、お義母さんを引き取ってもらわねばなりません。そのときはよろしくお願いします」とバッサリ切り返したという。それっきり、小姑の干渉は消えた。「溜飲《りゅういん》を下げるとはこのことね」と、彼女はそのときの小姑の顔を思い出して笑った。聞いていた私もすっきりした。

誰がお母さんをお世話しますか？
牛はイヤだと言いました
豚もイヤだと言いました
そう、そう
そうなのよ
うっ
うっ
小さい白いニワトリ

身内でも「有償」介護にする

21ページで紹介したように、かつて兄嫁と私を含めた4人の実娘は、時給を出し合って母の当番介護をした。母の蓄えから一時間500円と交通費を支給するというささやかなものだったが、複数の利点を実感した。

身内にも介護に対する報酬をきちんと払うと、ストレスが軽減される。額が少なくても、自分の労働で得たお金でランチやお茶を楽しむのは爽快だ。

同時に報酬を与えられることで仕事意識も芽生える。それは案外心地よい緊張感だし、仕事と思えば割り切れることも出てくる。**していることは同じでも、意識に変化が起こってくる**のだ。

「身内に、しかも親のお金を使って報酬を出すなんて……」と抵抗を示す人もいるが、この方式を用いれば、他の身内にも介護の手伝いを頼みやすくなる。また度々顔を合わせることで、垣根が取れ、陰で批判し合っていた嫁と小姑に連帯感が生まれたりもする。嫁の負担が軽くなるのは言うまでもない。

親の金を使うのは気がひけるという点で言えば、じつは反対に歓迎される面もある。実際、これを実践している家のお年寄りに本音をうかがうと「そうしてもらったほうが、こっちも気が楽だから」といった反応が多い。

誰か一人がすべてを抱え込んでダウンする前に手を打てば、大事になったときより、かけるエネルギーだって少なくてすむ。ぜひ思い切って試してほしい。老親だって、入れ替わり立ち替わり子や孫がやってきたら、うれしくて仕方ないはずだ。

ありがとう——
本当はとても
心苦しかったのよ

「はい、楽をさせていただいております」と言う

私の知り合いのL子さんが、義母をショートステイに預けた。それまでは、どこにも預けることなく自宅ですべて面倒をみていたが、介護も3年を過ぎたころ、はたから見てもはっきりわかるほど疲れがピークに達した。心配した友人から「休まなくちゃダメ」と強く言われ、ついに思い切って初めて利用してみたのである。

その帰り、彼女は久しぶりに、帰宅時間を気にすることなく、街をのんびり歩き、買い物を楽しんだ。疲れもふーっと抜けていくような気がした。

ところが、その日にかぎって道でばったりいじわるな叔母に出会ってしまった。「あら、L子さん、お買い物?」。その瞬間、言外に、おばあちゃんはどうしたの?と咎《とが》めている気配を感じ、L子さんの華やいだ気分はいっぺんにしぼんでしまった。でも、「今日はショートステイにお預けしたので……」と正直に言うと、「あら、そう」と軽く言われただけ、あとはなごやかに立ち話が続いて別れた。L子さんは、心配しすぎだったんだとホッとして、家に向かった。

しかし……。家に着くなり、隣のおばあちゃんが寄ってきて言い放った。「あんた、親を施設に入れてラクしてんだって？」。叔母がもう他人に伝えていたのだ。

L子さんは、ここまでを私に話すと、涙声で続けた。

「こんな思いをするくらいなら、倒れても自分でみたほうがましです」

私は、うなずくかわりにこう答えた。

「今度そんなこと言われたら、『そうです、私は楽をさせていただきました』とはっきり言いなさい」

L子さんだけではない。施設を利用していることを責めるような人がいたら、堂々と「おかげさまで、ひととき楽をさせていただいております」と、はっきり言っていい、いや、言うべきなのだ。そして、「ずっと元気でお世話をしていきたいですからね」と続けるのだ。

たいていの場合、それで引き下がるだろう。**悪いことをしていなくても、おずおずすると、悪いことをしたような扱いを受けやすい。**反対に、堂々としていれば、相手も「なるほどそうか、そんなに悪いことじゃないかもね」と思うものだ。

万が一、それでもまだ何か言われるようだったら「他にお世話をする人が誰かいますか」と切り返せばいい。ほほえみを浮かべ、ソフトな口調で、でもはっきりと。言われなき嫌みや攻撃にひるむことはない。

とはいえ、「そんな態度がとれるようなら、いまごろ苦労はしていないわよ」という声も聞こえてきそうだ。実際、これまで私は著書や講演で、ご近所や親族の対応策をいくつも紹介したが、「本当にそのとおりだと思います」と言いつつ「まだ実行していません」という人のほうが多かった。

世間の目、親族の目の圧力は想像以上に大きい。それは私自身も経験ずみだからよくわかる。しかし、ここは**介護者としての生きざまが問われる正念場**である。勇気を出して状況を打開すれば、必ず道は開けてくる。一歩を踏み出す前は、そんなこととても……と思うが、いざ言い切ったときには、自分でもびっくりするくらいスッとするし、一度言えれば次は怖くなくなる。

人によって行動できるまでの時間はさまざまだ。すぐにできなくてもいい。何を言われても自分を責める必要はないのだとわかれば――。

突破口
せっかく外出しても
晴れない心……
ヒソ
ヒソ
人々の目が、
無言のうちに責めて
いるような気がして……
長寿さん
今日は
お出かけ？
でも
今日こそは
言うんだ
はい！
今日は休みを
いただきました。
私が倒れると
母のお世話を
する人が
いませんから
し～ん
一度言えれば
次からは怖くない

他人の目を気にしなくなる方法

介護者には、本人しかわからない他人からの重圧があるが、いったん「他人の評価は気にしない」と決心できたら、かなりラクになる。私は、その境地に達するまで何年もかかったが、あなたにはムダな時間を省いてほしい。

「他人の評価を気にしない」とは、心を閉ざすことではない。むしろ偏見にとらわれないで心を開くことが肝心だ。そうでないと、どんどん孤立してしまう。いろんな立場のいろんな人の話をじゃんじゃん聞こう。ただし、**最終的な答えを導くのはあなた。どんな答えでも、自分で出したものが正解と思い切る**のだ。「自分の幸せは自分でつくる。人まかせにしない」。そうすれば、失敗しても納得でき、次に活かせる。

詩人・茨木のりこさんの「自分の感受性くらい」（花神社）という詩に、こんな一節がある。

「ぱさぱさに乾いていく心を　ひとのせいにはするな　みずから水やりを怠っておいて」

そして、最後はこう締めくくられている。

「自分の感受性くらい　自分で守れ　ばかものどもよ」

ここに刻まれた言葉の激しさには一瞬ドキリとするが、その奥から、励ましの声が聞こえてくるような気がする。

他人の評価が気になっているすべての人に捧げたい。

ほめられなくても

いってらっしゃいませ
ぶるん
世の中には……
寒くはございませんかお母様
ホントに偉いお嫁さんたちがいる……
うーんうまい
うん、おいしっ
でも、私はこれが幸せなんだ

相手の気持ちを引き出す一言

言霊《ことだま》といわれるように、言葉には霊が宿っている。

ステップ3では、井戸端会議、電話、手紙……と外とのつながりを持つことをお勧めしてきたが、これらを要約すれば、「とにかく言葉に出そう」ということになる。

介護にまつわる悩みを聞いていると、肉体的な疲れより精神的な疲れのほうがずっと重く本質的だとつくづく感じる。そして精神的な疲れの大半は、人間関係に原因があることがよくわかる。

お世話をしているお年寄り、協力してくれない夫、小姑、役所の人など、その人によって苦痛の種となっている相手はいろいろだし、複数の人のこともあるが、とにかくその人たちと自分との想いにズレがあって、そのことが不快指数を高めている。

この不快指数を下げるには、お互いのズレを正さなければならない。そのためには、まずお互いの本心を知らねばならない。本心を知るためには、言葉に出さなければならない。つまり、**あなたから言葉に出して自分の気持ちを伝える――これが解決への**

第一歩なのだ。

言いにくいときもあるだろうが、思い切って一言発すれば、相手が何を考えているかが見えてくる。もしかしたら、ただお互いが勘ちがいしていただけかもしれない。相手の考えにひとつやふたつうなずけるところが出てくるかもしれない。「やっぱり思ったとおりだった」と確認できれば、じゃあ次はどう出るかという作戦を立てることだってできる。

どんな展開になろうとも、ひとり悶々と苦しむ迷路からは抜け出せるのだ。

あなたの想いは
あなたの想う姿で
映っていますか

「ケアホリック」に要注意

人の話を聞くとは、自分を見つめ、問い直すことでもある。人を信じて自分を語ることと、自分を開いて話を聞くことはワンセットだ。

でも人の話を聞き入れるのは、案外勇気がいることだ。介護にまつわる場面でも、それがいかにむずかしいかを痛感することがある。

たとえばM子さんは、年老いた母親を抱え込んで、他人の助けを一切拒んでいた。母親には認知症を思わせる言動があったが、それも認めたがらない。どうやら、何を言われても自分の介護方法を否定されているように感じてしまうらしい。「他人に口を出してほしくないのです」という態度を貫いて、何かを指摘されると、傷口に塩を塗られたような不快感をあらわにした。

私から見ると、これこそ典型的な**ケアホリック（介護中毒）**である。小姑のおせっかいなら、左から右に聞き流せばいい。けれど、ケアホリックにおちいっているときに耳をふさぐのは、介護者だけでなく、お年寄りにとっても危険である。**介護漬けの**

日々がさらに続けば、心のバランスを崩して、突如老人虐待に走ることだってあるからだ。「介護は一人で抱え込まないように」とうながすのは、介護者の心身の疲労を軽減させるためだけではない。

こういう人こそ、同じように在宅介護をしている人や介護施設の職員など、一人でも多くの人と交わって、話をする機会を増やさなければいけないのだ。でもM子さんのように、まわりが親身になって助言をしても、かえって反感をもって心を閉ざしてしまう例はあとをたたない。いつまでも心を閉ざしつづけていたら、そのうち誰も近づかなくなり、ますます孤立するだろう。そのとき何かが狂いはじめる……。

世の中には根っからの大悪人なんて、そうはいないものだ。老人虐待だって、極悪人だけが犯すのではない。介護者誰もが、明日は我が身かもしれないのだ。

少しでも耳を傾けて「そうしてみようかな」と思える人は、すぐに行動に移せなくても、その時点で変化の兆しが生まれる。そして、のちには必ず事態が好転していく。これは私の実感である。

かつて、とんでもなく暗い表情で私の講演を聞きに来たある女性は、講演の間ずっと必死の形相で話を聞き、質問をしてきた。講演終了後、私は彼女から壮絶な介護の日々を聞いて、ありったけの知恵を授けた。

その後も彼女は講演にやってきたが、会う度ごとに表情が豊かになり、声にもハリが出てきた。その変化には私のほうが驚いたくらいである。あれから5年、無事に親をみとったその女性は、いま明るい笑顔で、べつの介護者を励ます側にまわっている。

力づく

ステップ5

これで万全！　お年寄り対策

「説得」より「納得」と覚えておく

かつての私は、義母に対して「筋を通す」ことに躍起《やっき》になっていたが、いまでは、「若草」の職員に、「弁解したり説得したりするより、笑顔とやさしい言葉のほうが問題解決の近道よ」と言っている。そしておばあさんが怒っていると、まず手をとり、「どうなさいましたか？」とほほえみながら尋ねる。話を聞く間は、相手の気持ちに寄り添って、聞き終わったらまず謝る。これでたいてい収まる。

「先に謝ったりしたら、ますますつけあがる」という人もいるが、先に謝れば相手の興奮が収まる。それが目的である。落ち着いてくれないことには、問題の核心にも入れない。家族ではなかなかこうはいかないかもしれないが、人生のある場面では、あえて「名を捨てて実をとる」ほうがいいことがある。介護でこの処世術を使いこなすのは、プロでないかぎり10代や20代ではとても無理。曲がりなりにも人生を積み重ねてきた私たちだからできるのだ。

「正しいことを言っているのだから、相手がうなずくのが当然」というのは、こと介

護では通用しないと思ったほうがいい。たいていの場合、介護をしている人のほうが年下である。「年下たるもの、目上の人間には折れる、下手に出るのが当然」と相手は思っている。そこへ正論を持ってきても話はこじれるばかり——というわけ。

この術を身につけると、介護以外にも応用がきく。たとえば「会社やプライベートでアホな男と接したとき」である。ある種の男性は、いまだに前述の「目上の人間」を「男」に、「年下」を「女」にそっくり入れ替えた思想にしがみついているから。

人生を積み重ねてきた
人だから生まれ出る
笑顔、そしてやさしい言葉

自分の身を守るための「低姿勢」

「あの方、ものわかりが悪くて困るのよ」。あるとき、「若草」で職員のこんな声が聞こえてきた。どうやらちょっとしたトラブルが起こったらしい。

「どうしたの?」と聞いて明らかになった事情はこうである。

認知棟のRさんは78歳、夜中に妄想で人と話をするなどの症状がある。それまで個室だったが、次の入居者との関係で、どうしても2人部屋に変わってもらわねばならなくなった。

職員は事情を説明して移ってほしいと頼んだが、Rさんは「私の許可なく変えるとはなにごとですかっ」と血相を変えて怒り、ガンとして聞き入れないという。

「家族の了承はもらっているのに……」と、他の職員も不満気につけ加えた。

しかし、話し終えた職員に私は言った。「そりゃあ、Rさんが怒って当然ですよ」。

事情はどうあれ、Rさんにとってみれば、部屋を変わってくれというのは、あくまで施設側の都合である。

家族は了承したというが、もし断ったら施設から「出てくれ」と言われかねない家族の弱い立場では、たとえ本意でなくても受け入れるしかないのである。

私はすぐにRさんのところに行き、まずは「申し訳ありません」と謝り、本人の言い分をじっくり聞いた。

そして、ひととおりの主張を聞き終えたあと、「すべてごもっともです」と言った。そのうえで、もう一度事情を説明し、最後に「Rさんに移っていただけたら、私は本当に助かるのですが……」とお願いした。

すると、あんなに怒っていたRさんが「わかりました」と言った。Rさんは、職員にこう言ったという。「先生が謝ってくれたからいいですよ」と。先生とは私のことである。

お年寄りは序列を重んじる。職員ではなく施設長がじきじきに頭を下げに来た、ということで納得した面もあるだろう。しかしたとえ職員でも、最初からRさんの尊厳を大事にする態度を示していたら、このもめごとの推移は変わっていたように思えてならない。

このようなことは、家庭での介護でも言えるのではないだろうか。

お年寄りはガンコである。聞き分けが悪い。しかし彼らの性分は、いまさら直しようもないし、そのつど衝突していたのでは疲労こんぱいしてしまう。

ここは自分がラクになるためにも、「気持ちが収まるまで相手の言い分を聞き」、そのうえで「納得する提案をする」という手順を踏んだほうがいい。お年寄りが興奮したら、一緒に歌でも歌う余裕があればもっといい。

私だって、義母の介護をしていたときは、感情が複雑に絡み合って、こんなふうにはとても対応できなかった。家族とは、そういうものである。

でも、いまはあのときのことを少し後悔している。正直に言おう。お義母さんに悪かったな、という理由ではなく、「ああ、これができていれば、私はもっとラクだったろうに」と思うからである。

だから、家族間では冷静な態度はむずかしいと知りつつも、いま介護真っ最中の方には、私と同じ苦労を背負わないよう、やっぱりここは提言しておきたいのだ。

大福騒動
私の大福をお客さんに出すなんてひどい息子だわ
悪かったってば、だから代わりにきんつばを……
私は千鳥屋の大福が好きなの、きんつばなんかいりません!
だから大福は売り切れだったんだってば
お母さんのお怒りはごもっともだわ、私が千鳥屋さんにきいて来ますね
さ、あなたはお母さんの好きな音楽でもかけて
出かけたふり
ただいまァ お母さん 大福はやっぱりなかったの
♪川の流れのように～♪
でもね、きんつばと大福は同じあんを使っているから通の人にならわかるはずだって。食べてみて
パクッ
まあまあね

お年寄りを上手に操縦するコツ

「この人といい関係になりたい」と思う人と話しているとき、人は自然に相手の心情を汲みとろうとする。またその人の表情を見て、声の調子を読みながら応対するのではないだろうか。そういう細やかなコミュニケーションの中で、人と人との絆はできていく。ときにはケンカもある。しかしそれとて、絆を強める場合がある。

お年寄りとのやりとりも、ちょっとしたコツをつかめば、これまでよりスムーズにことが運ぶ。前項までにアドバイスしたことをまとめると次のようになる。

第一は、決して否定しないこと。誰でも否定されるのはいやなもの。お年寄りは、身体が不自由になるほど自分のことしか考えなくなり、ホントに不愉快なことも多いが、カッとしたらソンをするのはこっちだと心得よう。第二は、笑顔やユーモアを織り交ぜて、心理的距離を縮めること。**ニコッとしながら明るく話すと、こちらのイライラ気分もやわらいで一石二鳥**。そして第三は、注意するとき居《い》丈高《たけだか》にならないこと。

要するに、お年寄りが「大切にされている」と思うような言動をして、安心させるということだ。

以前ある講演先で、90歳の老女から「どうすれば長生きできるでしょう」と質問された。一瞬うろたえたが、次の瞬間ちょっと感動した。人はいくつになっても「これだけ生きればせいせいした」とはならないのだ。そのように生に執着する生き物だとしたら、尊重されたいという思いもまた、死ぬまで消えることはないのだろう。

絆

犬を上からなでようとすると
怖がってかもうとするけど
あ
がぶっ
下から手を出すと安心して
なめるでしょ?
ぺろ
みんな同じだよ
犬も子供も、お年寄りも……
きゃあ
ぺろ
ぺろ

正論だけでは生けていけない

お年寄りと接するときは、説得より納得――、言いかえれば「折り合いをつける」ことが、無用なストレスを減らすポイントである。

日々の生活では、とても見過ごせないこと、許せないことなどが次々に出てくる。見て見ぬふりをしようとか、気にしないようにしようと思っても、いったん気になったことは抑えようがない。

そのとき、問題を根本から「解決」しようと思うとますますつらくなる。問題の質や相手によっては、お互いにがまんできる状況をつくる、つまり折り合いをつける方法を考えたほうが、早くラクになれるのだ。

たとえば私は、お年寄りが粗相を繰り返すようになったら、そのパンツは洗わず捨てようと言っている。洗うたびに味わう苦痛は、やってみた人にしかわからない。水分や食事の量を減らしても粗相はなくならない。そうなったら、こちらが少しでも苦痛を軽減する手だてをとるしかない。

また、目を離すとすぐに散らかすお年寄りもいる。「出したらきちんと片づけてください」などと何度言ってもムダ。言うだけこちらが疲れる。それならいっそ注意をやめ、いちいち片づけるのもやめて、少々散らかっても命に別状はなし、と割り切る方針にしたほうがいいのではないか。

性格的にそれができないのなら、お年寄りが自分では取り出しにくい、高いところに物を移動するという手もある。

はたまた、嫌みや不満、小言を繰り返すお年寄りなら、言い返すのをやめて、なんでも「はい」「申し訳ありません」「すみませんでした」と言っておく。適当に聞き流せばいい。**「逆らわない。されど従わない」というのも、介護の極意のひとつ**だろう。

いずれの場合も、いちばん大事なのは、あなたの心身の健康を良好に保つこと。介護で人生終わり、ではない。あなたには未来がある。

あんなおじいちゃんに頭など下げたくない！ と思うかもしれない。私も気の強い人間なので、そういう折り合いのつけかたは苦手なほうだ。けれど、あるとき気が変わった。「どんなに苦しくても頭を下げても守るべきものがあるのは、みじめではなく幸せなことだ」という言葉を知ったからだ。そうだ、私にはまだこれからの人生があるんだ、と。

介護に協力しない夫になんとか手伝ってほしいと頼むときも、本当はそんなの当然なのだから頭なんか下げることじゃないが、あえて、「あなたも忙しいでしょうけれど、どうかお願いします」と折れてみよう。小姑に介護の協力をあおぐときも同じ。

中国には「韓信《かんしん》の股《また》くぐり」という故事がある。

のちに漢の高祖の天下統一に貢献するほど優れた人物であった韓信は、若いころ、町でならず者に侮辱《ぶじょく》を受けたとき、がまんしてその人の股の下をくぐったという。転じて、大志を抱く者は小さなことにつまずいてはならない、という意味で使われる。

私の実家にはこの掛軸があり、遠い昔、私はその意味を父から聞いた記憶がある。父は子どもたちに「大志を抱け」と教えていたのである。

正論だけでは、人間関係はうまくいかない。

相手に屈するのではなく、あなたの大志のために、折り合いをつけることを少しずつ身につけよう。

ごもっとも!!
ちらかってますが、どうぞ！
お邪魔しますよ
のぞみさん詩吟の先生がいらしたわ、早く片付けて
は〜い
だから日頃から片付けてって言ってるのに
どうぞごゆっくり
ほう、手びねりとはいいご趣味ですなあ
でもデコボコで結構使いにくいんですのよ
先生、おしるこはいかがですか？あまりおいしくないんですけど
う〜ん！こりゃうまい上品な甘さだ
そうですか？うちは四国の和三盆糖だけを使ってますのよ
調子よすぎよお母さん！器もおしるこも作ったのは私じゃない

お風呂の順番だって決めておく

口に出さないまま、お年寄りと介護者の間に不満がたまっていく――これほどモヤモヤしていやなことはない。こうしたストレスを回避するためには、あらかじめできるだけのことを取り決めておくのもいい方法だ。

たとえば一時的同居の場合は、「○月○日まで」と最初に話し合っておく。冷たく思われそうで言い出しにくいかもしれないが、延長だって可能なのだし、じつはお年寄りの側もあいまいな状態は不安かもしれない。明るくはっきり取り決めておこう。はじめに夫の了解をとりつけ、家族全員いる場で決めるのがうまくいくコツ。

ずっと同居の場合も、金銭面から食卓の座る場所まで、できるだけ細かく洗い出すのが理想。**不満の蓄積は、元をただせばささいなことであるケースがとても多い**からだ。お風呂の順番ひとつとっても、冷えないように後にしたら、「どうせワシは後まわしなんだな」と思われたりする。かといって一番風呂を勧めると、「年寄りに一番風呂とは、常識のない嫁だ」となるかもしれない。でも「最初に入ると風邪をひきやすいから、子どもたちの次でよろしいですか」と話し合っておけば、誤解を防げる。

C子さんは、義母が洗面台をきれいに掃除しているのを見るたびに、自分のいたらなさを指摘されているようで不愉快だったが、「洗面所の掃除はお義母さんにお願いしていいですか」と話し合って決めたらスッキリしたという。他にも、「庭の手入れ」「ゴミ捨て」「新聞の整理」……頼めることはいろいろありそうだ。

最初に役割分担をすれば、介護者が助かるばかりか、お年寄りも「家族の一員として役に立っている」と自覚できる。きっと歓迎されるだろう。

お母さん、どうぞ
あっためておいたよ
ありがとう

「歌」と「香り」を活用する

「若草」で勤務するようになって痛感したことのひとつに、「お年寄りは歌を歌うと笑顔になる」というのがある。

かつての私は、施設でそろって童謡などを歌わせているのを見て、「あんな子どもだましのようなことをさせて、お年寄りもいやがっているんじゃないかしら」と思っていた。けれど、そうではなかったのである。

お年寄りに敬意を払って高尚《こうしょう》な歌などを合唱させたってダメ。みんなが知っている、昔その人が歌った歌がいい。誰でも歌った経験がある童謡や唱歌などは、そういう意味でうってつけなのだ。

認知症でふだんは目もうつろな人でさえ、歌を歌いはじめると、すぐにみるみる表情が変わってくる。

あるとき、私の義母に似た方が入所された。何かの拍子で興奮するとなかなか収まらない方だったが、とにかく謝り気をそらせつつ、彼女が得意なふるさとの民謡を

「歌ってくれますか？」とお願いした。機嫌が最悪のときは「わたしゃ、歌わないよ」と横を向くが、たいていは歌ってくれる。そうして、歌い出すとご機嫌がなおる。なかなかいい声で、節まわしも達者なもの。聞いているほうも気分がよくなる。

なぜ歌にこんな効果があるのか、その科学的根拠は知らないが、たしかに思い出を呼び起こし、そのことで気持ちが安らぐのだろう。

義母のときには私に余裕がなく、また歌にそんな効果があることも知らずにいたから試したことはない。そのぶん、あなたには活用してもらいたいと思う。

記憶を呼びさまし、お年寄りの気持ちを落ち着かせるという意味では、「香り」も効果があるようだ。

Nさんは、妄想で、現実にはないいろんな話をなさる。あるとき、そのNさんのいる部屋をお訪ねしたら、「百合の花をとられた」と怒っている。百合がとてもお好きらしい。

そこで私は、「これ、百合の香りでしょうかねえ」といって、ポケットにあったラベンダーオイルをハンカチに一滴たらして嗅いでもらった。ラベンダーと百合とでは、似ても似つかぬ香りだが、心地よい香りがあたりを包むと、Nさんはうっとりしたようなやわらかい表情を浮かべた。ラベンダーには、心を穏やかにする作用があるのだ。

お年寄りを抱えている方は、精油（ハーブから抽出したオイル）をひとつ持っているると、とても重宝する。専門店に行くと、さまざまな香りがあり、またその種類によって微妙に効能がちがう。効能も大事だが、まずは自分の好みに合った香りを選べばいいと思う。

精油の常備をお勧めするのは、前述のとおり、お年寄りをリラックスさせるからというだけでなく、**介護でくたびれたあなたの心にも効く**からだ。心を癒したり、いくつかの病気の症状を改善したりするアロマテラピー＝アロマ療法はよく知られているところだが、最近では「アロマテラピー科」を新設する病院も出てきたほどだから、身体にいいことは間違いない。

本来は、アロマポットを買ってきて、お湯を入れ精油を垂らし、下からそれを火で温めるというのが正しいやり方。たしかにこれだと部屋中にいい香りがして、効果も高いのかもしれない。しかし部屋に火を置くのは、お年寄りのいる家庭ではちょっと不安。それに、わざわざ道具を買ってこなくても、ハンカチに数滴垂らしてポケットにひそませ、「ああ、疲れたな」と思ったらそれを嗅ぐだけで、スーッと気のめぐりがよくなる。私はいつもこの方法。

枕に数滴ふりかければ、リラックスして気持ちよく眠れるし、バスタブに数滴たらせば、身も心もさらにほぐれる。家にいながら瞬時に安らげるグッズ、ぜひお試しを。

思い出の歌

「度を超す執着」は認知症のサイン

長く一緒に生活していると、お年寄りに表れている変化に気づかないことが多い。

たいていの場合、最初は「介護」ではなく同居しているだけである。それがあるときから介護へと変わるのだが、その境界が実際にはわかりにくい。少なくとも私はそうだった。おかげで気持ちの切り替えにずいぶん乗り遅れたという苦い経験がある。

同居を始めたとき、義母は60代半ばだったが、すでに述べたように明治女の気丈さとはこういうものかという見本のような性格で、行動力も抜群だった。

私あてに男性から電話がかかってこようものなら、「うちの嫁とどういう関係ですかっ」と聞くのを忘れない。もちろんそれは事務的な用事の電話。ＰＴＡ会長をしていたある男性は、そのときビックリして、とっさに「無関係です」と答えたという大笑いのエピソードもある。

そんなふうだったから、義母が90歳になったころ、「お金がなくなった」と騒いだときも、それくらいの勘ちがいは誰にでもある、ましてや90歳の年寄りのことだから、としか思わなかった。騒ぎ方は尋常ではなく、私や夫だけでなく、お金を預けている近所の郵便局の行員や局長さんまでも巻き込む騒ぎに発展し、まわりは大迷惑をこうむったが、義母の元来の激しい性格からするとそういうこともありうるから、つい、そのときかぎりの事件としか思わなかったのである。

それから半年ほど経った朝のこと、「ご飯はまだかしら?」と聞かれたことがある。食べた直後だったので、一瞬私はギョッとしたが、「さっき食べましたよ」と答えたら「ああ、そうでしたね」と返事をしたので、これまた高齢による勘ちがいだと片づけた。

義母もついに認知症になったんだ、と気づいたのは、それからさらに数カ月後だった。その日もまた「食べていない」と言ったので、私は前と同じように「食べましたよ」と答えたのだが、今度は、仁王立ちして怒りだしたのである。「あんたは私に食べさせないつもりかっ!」。あまりのことにビックリして、どうしていいかわからなかったが、知識も心がまえもなかった私は、真っ正直に「だって、食べたじゃないですか」と言い返すことしかできなかった。

その後の進行は早かった。まもなく炊飯器に突進するようになり、外出から戻ると、下ごしらえしておいた鍋の中身がすっかりなくなるようになった。

当時の私には認知症に関する知識も、介護の認識もまったくなかった。ちょっと前まであんなにしゃんとしていたのに……。その急変にうろたえたのは言うまでもない。

いま思えば、「お金がなくなった事件」が、始まりのサインだったのだ。とすれば一年近くも見過ごしていたことになる。その間に、義母の症状は確実に進行した。

「食べてない」と言われたら「そうでしたか」と言い、あらかじめ気づかれないように変えてある小さい茶碗に軽くご飯をついで差し出す、という知恵がついたのは、ずっとあとのことだった。

しつこい、ガンコ、ケチ……。これらは年寄り特有の「超長期的慢性病」である。しかし、そう思って**何を言われてもされても気にしないでいると、じつはそれが認知症のサインだったりするからあなどれない**。

とくに「執着」が度を超していると思われるときは、もしや？　と疑ってみるほうがいいだろう。

老い
あっ
い、いつの間にこんなシミが……！
あ、ここにも
それにこの白髪
どうして今まで気づかなかったんだろ
あいたた、腰が……
のぞみさん朝食はまだ？
え～～!?
今食べたのに
いつもと変わりないように見えても老いは少しずつやって来る
そして知らない間に進行する……
悲しいけれど、現実なんだ

認知症の老人との正しい会話法

義母は、認知症になっても、初期のいわゆる「まだら呆け」のころは、それまで同様かっぷくのいい身体で堂々と外に出て、人とも会っていた。

そんなある日、夕食をとっていたら突然「あんたは私に養老院に行けと言いましたねっ」と激昂《げっこう》しはじめた。

何のことかわからない私は「そんなことは言っていませんよ」とだけ答えた。夫も「ママはそんなこと言ってないよ」と加勢してくれたが、義母の怒りはいっこうに収まらない。

その後、同じようなことが数回あって、やっとどういうことかがわかった。義母は老人会の集まりで聞いてきたことを、なぜかみんな私が言ったことにしてしまうのだ。事情がわかったのは救いだが、それでも傷ついた心は癒えなかった。

またしばらく経ったころ、外に用事ができた私は、義母一人を残すのが不安で「一緒に行きますか?」と誘った。「ええ、行きます」。義母は即答した。しかし、でかける時間が迫っても支度ができない。もう身のまわりのことも自分でするのがむずかしくなったのだ。遅刻を恐れて「お手伝いしましょう」と言っても、「結構です」と受け付けない。一事が万事で、年寄り扱いされるのは大嫌いだった。義母のプライドは、ヒマラヤより高かった。

時間ばかりが過ぎていく。ついに私はいらついて言った。「早くしてくださいっ」。すると義母は鬼の形相になって怒り、興奮のあまり失禁した。

もう外出どころではない。私はあわてて先方に電話をし、事情を話して用事をキャンセルした。義母は義母で興奮しまくって、こちらをにらみつけている。

私は芯からクタクタになり、何もかもがいやになりながら義母の粗相の後始末をした。その後ずっと、義母のことを恨みもした。

しかし、いまは少しちがう。「ぬれぎぬ事件」も「失禁事件」も、もし当時の私に認知症に関する知識があれば、ちがう展開を見せただろうと思うのだ。介護施設で働くようになり、たくさんの認知症のお年寄りと接するようになって、私のとった**「バカ正直」な行動は、コミュニケーション法としては、最低だ**とわかったからだ。

じゃあ、あのときどうすればよかったか。

「ぬれぎぬ事件」でいえば、いくら否定しても義母には通じないのだから、お互いが無用な怒りと不信を増幅《ぞうふく》させることはなかったのだ。かといって、まさか「言いました」などというウソはつけないから、この場合は、早く別のことに気を向けるよう、話題を変えるのが正解だったのではないか。何か、義母がご機嫌になるような話題に……。

また「失禁事件」のほうは、最初から同行を誘わないでいいように、当日はデイサービスを利用する手はずを整えればよかったのだ。

あのときの義母は、すんなりデイサービスに行ってくれなかったかもしれないが、それならせめて前日に、「明日一緒に行きますか?」と聞いて、朝から準備できる時間を与えればよかった。

さらに、早くして！　という威圧的な発言は致命的なミスだった。義母にしてみれば、人格を全否定されたような気になったのだろう。この一言で、私は自らの外出をおじゃんにしてしまった。私のような失敗を他の人にはしてほしくない。

さちさんのおでかけ
お母さん、お願い！私も一緒に行かせて！車も多いし、危ないわ
わかってます！
年寄り扱いしないでちょうだい
バン
あらお母さん
ええっ？おばあちゃんが？
かいごに服を作ったから届けに行くってきかないの
ガオカ7丁目
ひとりで出たのよ
今バスに乗ったわ、何号棟だか分かってるかしら
了解、私が停留所で待ち伏せするわ
元気だった？あい
あら、おばあちゃんひとりで来たの？
はぁはぁ
ばーば

「まずは検査を」が大切な理由

私の場合は認知症に無知、そのうえ義母がもともと非常に激しい性格だったから、かなり進行するまで気づかなかった。

しかし、時代は刻々と変化している。いまでは早期に気づくためのチェックポイントなど、認知症に関する情報はあちこちで見られる。また、初期の段階ですぐに病院に連れていけば、身体に負担を与えないでお年寄りの気持ちを落ち着かせる薬も処方してもらえる。

ただ、医学の進歩に比べて、人の意識のほうは一歩遅れをとっているようである。認知症のことで病院に連れていくのは「恥ずかしい」と思う人が少なくないらしい。昔、心の病で精神科に行くのに抵抗を覚えたのと通ずる感情だろうと思うが、**認知症は病気なのだ。病気を見てもらうのに恥ずかしがることは何もない。**

しかもこの病気は人類共通、誰にでも起こりうる。その意味でも恥じる必要はない。私たちだって、この先どうなるかわからない。何しろ2020年には世界で4270

万人、２０４０年には８２００万人の人が認知症になるという統計もあるのだから。私は自分が認知症になったとき、子どもに「恥ずかしい」などと思われたくない。できるだけ早く病院に連れていくのは、本人のためでもある。

認知症の人は、いわば心と身体がバラバラの状態である。身体は元気だが心は病気。「痴呆症」から「認知症」という名称に変わったが、私は以前から「高齢混乱症」と言ったらどうかと思っていた。すべては混乱から始まるからだ。

最近では、アルツハイマーの方自身の発言なども登場して、その実態が解明されつつある。オーストラリア在住で、『私は私になっていく』（檜垣陽子訳／クリエイツかもがわ）などの著作もあるクリスティーン・ブライデンさんが来日され、国際アルツハイマー病協会国際会議で発言されたとき、私は会場にいてとても感動した。

クリスティーンさんによると、初期の段階では、記憶の蓄積はできなくても判断能力はあるという。だから大切なことやケアの仕方などは相談してほしい、と。

頭と心はちがう。脳になにか変化があっても、心はある。感覚は残る。だからバカにされたといったような、自分の尊厳にかかわることはわかるのだ。

「若草」のお年寄りを見ていると、2～3日で症状が急に悪化することも珍しくない。昨日まで自分で箸を持って食べていたのに、今日はできなくなるというように――。

あわてて介護保険で介護の申請をしても、判定が出るまでの間にさらに急速に進行したりする。当然、家族は驚愕《きょうがく》しうろたえる。本人も、何がなんだかわからないまま、頭の中で毛糸がからまってほどけないような感覚になるという。

このような事態を避けるには、脳外科や脳神経科、神経内科など、認知症に関して経験豊富な医師に一刻も早くみてもらうのがいちばんだ。実の親の場合は、とくに連れていくのをためらうことが多いようだが、それなら、まずは「手や足がしびれているようなのですが」というように、認知症以外のことを相談すればいい。お年寄り本人には、健康診断と言って連れていけばいい。

目的は、とにかくＭＲＩ検査をしてもらうこと。これで脳の状態がわかる。中には認知症のような症状を示しながら、じつは別の病気だということがある。たとえば「正常圧水頭症」や各種の脳血管性障害なら、アルツハイマーとちがって治療で記憶を回復させることができる。そうした可能性を見逃さないためにも、まずは検査、だ。

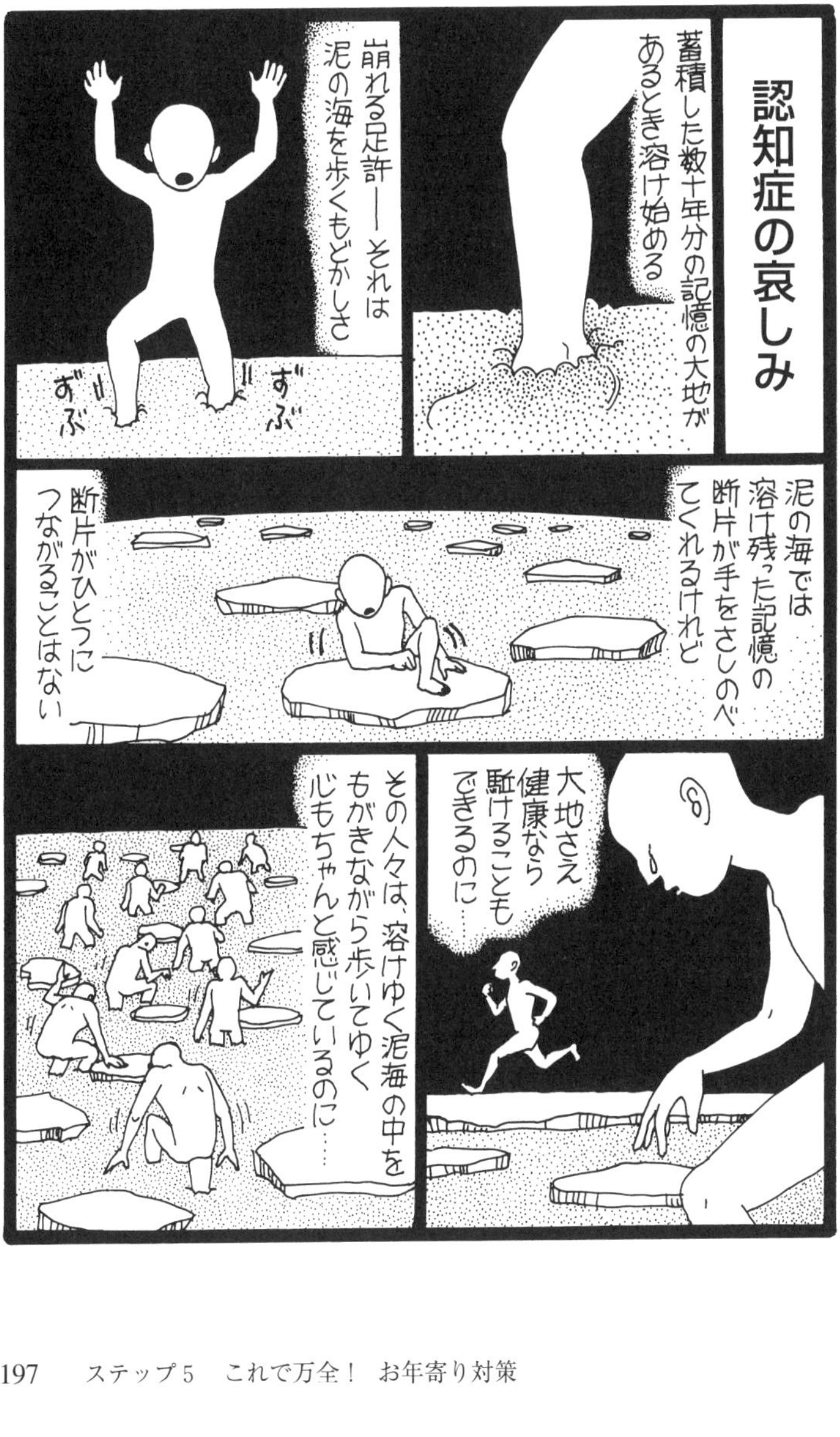
認知症の哀しみ
蓄積した数十年分の記憶の大地があるとき溶け始める
崩れる足許――それは泥の海を歩くもどかしさ
ずぶ ずぶ
泥の海では溶け残った記憶の断片が手をさしのべてくれるけれど
断片がひとつにつながることはない
大地さえ健康なら駈けることもできるのに…
その人々は、溶けゆく泥海の中をもがきながら歩いてゆく
心もちゃんと感じているのに……

「泣いてわめいて、騒いだあとはケロッとしているんですから、頭にきますよ」

N男さんが実母を称して言った言葉である。母は息子の一枚も二枚も上手。相手を見て、おとなしくしたり、逆に弱みにつけこんだりする。息子さんは大変だなあと同情しつつ、私は「この言葉、使えるぞ」と思った。

施設退所を求められたときの対応策

認知症の症状が出てきたり、家庭の事情などで在宅介護がむずかしくなってきたら、老健施設などに入所して世話をしてもらうのがよい。ミドルステイともいわれるこの施設は、本来、病院から自宅へ戻る前のリハビリ期間に利用する役割を担っている。だから所長は医者である。施設不足の昨今では、リハビリと関係なく預かってもらうのが現実だが、建前上、入所は「3カ月」と言われることが多い。認知症の方は環境が変わると症状が進みがちなので、長めに入所するのが暗黙の了解となっているが、3カ月以上いられた場合も、次の3カ月ごとに退所をうながされる。

さて、退出を求められたとき、家族の側にまだ受け入れ態勢が整っていなかったらどうするか。**粘る、粘る、さらに粘る。これが最良の策**だ。問題は、その粘り方。そう、ここで「泣いてわめいて、騒いだあとはケロッ」を借用するのだ。「いま出ろと言われるのは、死ねと言われているのも同然です」とさめざめ泣いたり、「どうしても出ろと言われるのなら、知り合いを紹介してください」とわめいたりする。そして心からお願いすれば、たいてい応じてもらえるはず。病院などでも、基本は同じだ。

おねだり

制度が変わっても困らない介護保険利用の鉄則

40歳以上のすべての人は介護保険料を払い、65歳以降は各種の介護サービスを受けられる。だが十分に利用していない人はまだまだ多い。その原因は2つある。ひとつは、お世話している本人にも、まわりの人々にも「家族以外の人の手を借りるのはよほどのときだけ。安易に利用してはならない」という昔ながらの感覚が根強く残っているから。そしてもうひとつは、上手な利用法を身につけていないために、受けられるサービスをみすみす見逃しているからだ。

このうち、利用を遠慮している人には、ある女性評論家が力説したこの一言を送りたい。「介護保険は福祉の一部。よい嫁は福祉の敵である」。そもそも介護保険は、「いまや介護は家族の問題ではなく社会の問題である。お互いさまの精神で社会全体で支えよう」という理念のもとに導入された制度だ。それなのに、依然として家庭内で抱え込み、利用しにくい空気を温存していては、その家の介護者だけでなく、他の介護者にも迷惑だ。介護に携わっているすべての人のためにも、制度はじゃんじゃん利用する！　という意識に変わってほしい。

また、もうひとつの「利用の仕方」については、次の2点を「鉄則」としてぜひマスターしてもらいたい。

鉄則その1「**介護記録をつける**」。要介護度の認定は、訪問調査員が家にやってきたときが勝負。このとき調査員の質問に答えるだけだと、たとえばまだら呆けなど、身近な人以外にはわかりにくく症状を理解してもらえず、低い認定しか受けられないことがよくある。しかしふつうの人は、初めて会った役所の人に、その場で説得力ある言葉で流暢《りゅうちょう》に語ったりできないだろう。そのとき威力を発揮するのが、94ページで紹介した「介護記録」だ。これがあれば、あなたの代わりに雄弁に語ってくれる。

目の前にいるお年寄りはかくしゃくとして元気そのものに見えるが（お年寄りは、他人の前ではしゃんとすることが多いからやっかいだ）、記録に「今日は何度も食事を要求された」「お金を盗まれたと言って私を犯人呼ばわりした」といった記述があれば、「ああ、認知症の症状があるのだな」と一目でわかる。

調査員だけではない。それは特記事項として審査資料に記入されるから、最終的に要介護度を認定する介護認定審査会の委員の目にもとまり、心を動かすにちがいない。これは実際に審査会委員をやっている私の実感だ。

さて、そこで第2の鉄則である。

鉄則その2「**最後は人と人である**」。前述のように、どのような制度でも、申請するのが人なら、それを受けて判断するのも人である。そして、人には心というものがある。これを知っておけば、施設利用の申し込みの際にも役立つ。

都心部を中心に、慢性的な施設不足で短期・長期にかかわらず利用を希望してもなかなか入れない現実がある。何百人も順番待ち、というのもざらである。しかし、そう告げられて引き下がってはいけない。たとえ満床でも、どうしても利用したいときは、希望する施設に直接電話をして、なぜ利用したいのかを、家庭ののっぴきならない事情などを伝えて訴える。次に施設に足を運び、直に窮状《きゅうじょう》を訴える。

その際は、どうしてその施設にお願いしたいのかも、きちんと伝えるようにする。ショートステイなど、すでに何度か利用している施設なら、「いままで利用させていただいて、本人がとても気に入っている」といったその施設のよいところを誉め、感謝の意を表すのも大事だろう。特別養護老人ホームなら、「いくつか施設を見学しましたが、こちらがいちばんだと思いました。親を任せられるのは、こちらしかありません」と誠心誠意訴えること。その熱意によって、「これは何とかしてあげなくては」と思うものである。反対に、権利意識だけ振りかざして主張するのはダメ。それでは人の心は動かせない。

現在、介護保険制度の見直しがなされている。2006年4月から施行予定の新制度では、要介護度の割り振り方が変わる。その結果、**いままでは利用できていたショートステイやデイサービスが利用できない人も出てくるだろう。これからはますます、ちゃんと主張することが重要**になってくる。

制度というのは、とかくややこしい。私も介護保険改正の説明会に出席したが、一度ではわからなかった。不明なことがあったら、役所やケアマネージャーなど、プロに直接聞くのがいちばん手っ取り早い。遠慮せず、どんどん尋ねてみてほしい。

ここでは改正のポイントにだけ触れておこう。今回の改正は、「介護が必要になった人の力になるのも大事だが、その前に、介護が必要ではない元気なお年寄りを増やすことにもっと目を向けよう」というのが大きな主旨のひとつとなっている。だから、要介護の前の「要支援」段階の人には、筋力トレーニングなど介護予防プログラムを利用できるようにするといったことが盛り込まれている。

なるほど、ごもっともなことだが、じつのところは国の財政が逼迫《ひっぱく》して、なんとか負担を減らしたいというのが本音であるのは、誰もが承知のことである。実際２００５年10月からは、いままで自己負担がなかった施設利用の際の部屋代を、利用者が負担するなどの改正が始まっている。

これから先も、制度の見直しは何度か繰り返されることだろう。しかしどう制度が変わろうとも、ここにあげた「鉄則」は変わらない。さらに、「預金金利が当てにできない時代だから、介護費用が心配だ」という人は、早めに民間の介護保険に加入するのも一考。これでかなりの不安は取り除けるはずだ。

最後にもうひとつだけつけ加えておきたい。制度の見直しは、介護の苦労を知らないお役人の机上の論理を元に、介護の実態を知らない議員たちによって議論され法制化されていく。今後はどんどん使い勝手が悪くなるかもしれない、と私は心配している。**これを阻止するには、当事者である私たちが、要望をしっかり声に出していくことが何より大事**である。

「いまから言っても、もう遅い」などと言わずに、役所に訴えたり、新聞などに投書したりして世論をつくりあげていこう。それが制度に反映されても、介護者であるあなたには間に合わないかもしれない。しかし、あとに続く人が「がんばらない介護」をするための大きな力にはなる。それはまた、あなたが介護される番になったときに活かされるということでもある。

だからあなたも、声を出そう！

あとがき

夫の母は、満１０４歳を目前に亡くなりました。

共に暮らした40年、意地悪され、冷たくされたという嫌な記憶しかありませんでした。それなのに、遺体を抱きしめ、頬ずりしている自分に気づいたとき、私は少なからずうろたえました。「お義母さん、長いことお疲れさまでした」の言葉とともに、すべての憎しみが懐かしい思い出に変わったのです。どうしたことか、恨みつらみはきれいに消えて、愛しさだけが胸をおおっていました。

数カ月が過ぎたいま、こうして本を出し、講演をしと、介護を通じてたくさんの方と出会えるのも、姑との闘いの日々があったればこそと、感謝の気持ちでいっぱいです。

本文でも触れたように、私は4年ほど前、悪性腫瘍の疑いで4人の医師に子宮の全摘出を勧められました。いましないと手遅れになると。しかし私は、友人、知人、身内の反対を押し切り、先生方のご厚意を裏切り、「手術はしない」というわがままを貫いて現在にいたっています。まわりで見守り支えてくださっている方には、どれだけ感謝してもしきれない思いです。明日はどうなるかわからない。それは病者でなくとも、生きとし生けるものすべてに言えることでしょう。不安がないわけでは決してありませんが、心は静かです。

本文中、美しい言葉や心に染み入る字句などを、出典不明のまま引用したご無礼をお許しください。また、おわかりの方は、お教えいただけたら幸いです。

これを書いている真夜中、ベランダに出て夜空を仰ぎ見ると、ふっくらとした半月が浮かんでいました。それはまるで、帆をいっぱいに膨らませ、希望を満載して大海を走る帆船のように、堂々たる美しい月で、私はしばらく見ほれていました。

介護に奮闘中の方々にも、いつかきっと、こうして心静かに夜空を見上げる日が訪れることを願ってやみません。

２００５年　５月の美しい月の夜に

野原すみれ

【著者】野原すみれ（のはら　すみれ）
約15年にわたって実母・義母の介護を経験、在宅介護者の苦しみを身をもって知る。その一方で、「高齢化社会をよくする虹の仲間」を発足、身近で「老いの現実」を見てきたことを「役得」として、自分たちが高齢者になったときに後悔しない生き方を模索。「介護界のカリスマ」としてTV・新聞・雑誌・ラジオなどに登場の他、年間数十回の講演をこなす。軽快かつ明解な語りで、全国の在宅介護者に夢と希望と笑いを提供しつづける。現在、東神奈川高齢者ショートステイセンター「若草」施設長。著書に『今日もしっかりモメてます―母をめぐる看護奮戦記』（汐文社）『老親介護は今よりずっとラクになる―心も家計も救われる65の知恵』『しあわせの介護ノート』（共に情報センター出版局）、共著に『老いじたく覚書き―あなたを守り家族を支える安心ノート』（晩聲社）がある。1937年、東京生まれ。神奈川県横浜市在住。

【イラスト】オーシロカズミ
新聞・雑誌を主な舞台に、底抜けに明るくユーモアあふれるイラストと文章で活躍。「現地のフツーの人々とふれあう」を信条に、アジアを中心に世界各国をめぐる旅人でもある。著書に『バケツひとつでアジア旅』（情報センター出版局）『シルクロードの歩き方』（立風書房）『Footloose in Bangladesh』（中央図書出版）がある。1961年、熊本生まれ。現在、兵庫県伊丹市でケーナ奏者の夫と暮らす。

正々堂々《せいせいどうどう》がんばらない介護《かいご》

2005年７月11日　初版第１刷発行
2014年７月２日　　　第３刷発行

著者　野原《のはら》すみれ
イラスト　オーシロカズミ
装幀・装画　南　伸坊
印刷　萩原印刷株式会社
用紙　中庄株式会社
発行所　有限会社海と月社
〒180-0003　東京都武蔵野市吉祥寺南町2-25-14-105
電話0422-26-9031　FAX0422-26-9032
http://www.umitotsuki.co.jp

定価はカバーに表示してあります。乱丁本・落丁本はお取り替えいたします。
　ISBN4-903212-00-9